改訂

環境構成の
理論と実践

保育の専門性に基づいて

高山 静子

郁洋舎

はじめに

乳幼児期の保育（養護と教育）は環境を通して行います。そのため、保育者にとって環境を構成する技術はきわめて重要です。

私は現場の観察と保育者へのインタビューから、保育者の専門性を言語化・理論化する研究を行っています。保育者がもつ専門性には、主に「環境構成」「関わり」「保育内容の展開」「子ども・集団の把握と理解」「保育のマネジメント」があります。そのなかでも環境構成の技術には、保育を大きく変える力があります。本書は、「環境構成に関する実践知・経験知」の言語化・理論化を図ったものです。

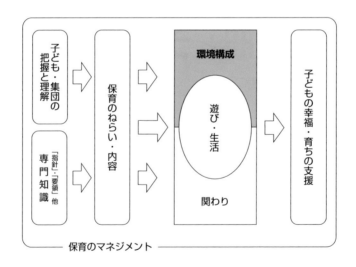

環境の構成は専門知識によって行うため、年齢も経験も関係ありません。適切な環境をつくると、子どもたちは豊かな経験を得られます。十分に遊ぶ時間が増えた子どもは気持ちが安定します。子どもが主体的に行動することが増えると、保育者には一人ひとりの行動や言葉を見る余裕が生まれます。そして本当に援助を必要とする子どもに丁寧な関わりができるようになります。保育室や園庭などの環境は、目に見えやすいために保護者や小学校教員からの信頼も高まります。

環境構成の技術をもつことは、子どもにとっても保育者にとっても、いいことづくめです。

実践は複雑です。保育者が実践の原則をもつことによって、専門職としての誇りをもち、より柔軟に保育に向かってほしいと願っています。

環境構成の優れた実践を紹介する本は数多く出版されています。本書は、多様な実践に共通する「原則」を追求し、それぞれの現場に合わせて活用ができる理論を示しました。実践の骨組みとしての理論を学んだ保育者は、表面的なノウハウに振り回されにくくなり、より自由で柔軟な実践ができることが期待できます。

保育の専門家である保育者の皆さんに、目の前の子どもと、地域・園の実情、時代の変化に合わせて、柔軟に活用していただければ幸いです。

改訂版の発行について

本書は、2014 年に出版した『環境構成の理論と実践～保育の専門性に基づいて』（エイデル研究所）に、新たな知見を加え、幼稚園教育要領や保育指針の改訂内容を反映し、写真の差し替えや図表等の修正を行って、刊行するものです。

◆ 目　次

第2部　実践編

第1章　遊びと環境構成……50

第1部　理論編

第1章

環境構成の必要性

1 乳幼児期の特性と環境構成の重要性

（1）環境とつながる心

　保育では、保育者の関わりがとても大切です。しかし子どもたちの心を育んでいるものは、人の関わりだけではありません。子どもたちが毎日どのような空間で過ごし、何を見て、どんな匂いや肌触りや風を感じ、どんな音を聞いているのか、子どもを取り巻く環境もまた子どもたちの心を育んでいます。

園庭を森にした保育園。子どもたちは、夏には木陰で風を感じながら遊びや食事をし、秋には落ち葉をふみしめ、冬はひだまりを感じる　川和保育園

環境は、子どもの心と切り離すことができない。子どもを取り巻く環境が子どもを育む
森のようちえんピッコロ

　環境心理学では、人間と環境を一つのシステムと捉えます。人間と環境とは、相互に交流し合い、相互に浸透し合うものと考えられています [1]。これまで人間の心や体は、環境とは独立した存在と捉えられてきました。しかし、最近では、人間の心や体は、環境から切り離すことができない存在として捉えられています。

　また生態学的心理学では、環境は動物に対して行為の手がかりを情報として提供しており、人間の行動は環境によって規定されることを示しています [2]。ギブソンが提唱したアフォーダンスとは、「環境がその中で生きる動物に与えてくれる行為の機会」であり、英語の「アフォード（afford）」（与える、提供するという意味の動詞）を名詞化したギブソンの造語です [3]。仰向けで寝ている乳児にとって低いソファの段差は意味をもちませんが、立ち上がる力を獲得しつつある1歳児には、ソファの段差は「登る」という行為を支えています。丸い小さなスイッチは押すという行為を引き出し、細長いドアの取手は握るという行為を引き出します。人間は、環境の中から「アフォーダンス」を知覚し、それに合わせて行動を調整します。人間と環境は相互依存的な関係であり、人間の行動や心理は、周囲の環境から切り離すことができません [4]。

　人間と環境とが分けることができない関係にあるため、保育者は子どもたちを取り巻く環境を大切に考える必要があります。

(1) 羽生和紀「環境心理学」サイエンス社、2008
(2) 佐々木正人「アフォーダンス―新しい認知の理論」岩波書店、1994
(3) 三嶋博之「エコロジカル・マインド〜知性と環境をつなぐ心理学」日本放送出版協会、2000
(4) 河野哲也「環境に拡がる心〜生態学的哲学の展望」勁草書房、2005

（2）乳幼児の行動を左右する環境

　人間は、環境を手がかりとして行動しています。とくに乳幼児は成人よりも自我が未熟であるため環境によって行動が引き出されます。

　たとえば幼児は、丸いものを見つけるとつかんで投げ、長いものを見つけるとそれを握って振り回します。高いところがあると登り、狭いところにはもぐり込みます。その場や物が示している情報に無条件に反応してしまうのが乳幼児です。

枠があると子どもはその中へ入り込む　城南区子どもプラザ

細長い廊下に観葉植物やイスを置くと、走るという行動が抑制される　ながかみ保育園

子どもはそこにある環境によって行動が引き出される
子育てセンターこまつ

　年齢の低い子どもや、人とのコミュニケーションよりも視覚的な情報を頼りに行動している子どもは、大人よりも環境の影響を受けやすいものです。そのためその環境を意図的に構成することで、保育者は子どもの安全を守り、子どもの行動の援助を行うことができます。

　たとえば、細長い廊下は子どもに「走りなさい」という情報を出しています。「廊下は走ってはいけません」と子どもに何度も注意をするよりも、廊下の真ん中に棚や観葉植物を置き、細長い空間でなくしてしまえば、子どもは走らなくなります。登ってほしくない棚には、布団に寝かされた人形を置くことで、登れる場所という情報を消すことができます。

　環境は子どもの活動を引き出し、子どもの経験を左右し、その経験の質が子どもの発達に影響を与えます。保育者は、環境による子どもの行動を予測して意図的に環境を構成することができます。

（3）子どもの遊びを引き出す保育環境

　保育室や園庭の環境は、子どもの遊びのきっかけを作ります。幼児は保育室にボールが置いてあればボール遊びをし、折り紙があれば折り紙を始めます。人工的な色合いのブロックがわずかしかなければ、子どもたちは武器程度しか作れないために、戦いごっこが流行するかもしれません。

　園庭も同様です。子どもがちぎってもよい雑草があるか、掘ってもよい土があるか、砂の量がどれだけあるか、水を汲み出すバケツがあるかなど、園庭に準備された素材と道具によって子どもの遊びは変化します。

　机を並べた教室は、「授業」のための空間です。体育館や平地の運動場、何も置かれていない部屋は、一斉に何かの活動を行うための空間です。遊びを引き出すきっかけが何もない教室や体育館のような空間では、子どもは保育者の指示に従うか、走り回るかになりがちです。

　園での子どもの遊びは、保育者が準備した環境に影響を受けます。環境は、子どもの遊びを引き出しその経験を左右するため、保育者の環境構成は重要な意味をもちます。

子どもは人形があれば世話をし、アイロンがあればアイロンをかける真似をする。子どもの遊びはその環境によって引き出される　　ときわ保育園

（4）五感と身体を通して学ぶ乳幼児

　学童期以降は、机に座り抽象的な概念を学ぶことが学習活動の中心となりますが、乳幼児期は、全身を使って事物や人に働きかけ体験の中で学習することが中心です。

　2009年施行の「保育所保育指針」第2章の冒頭には、「子どもは、様々な環境との相互作用により発達していく。すなわち、子どもの発達は、子どもがそれまでの体験を基にして、環境に働きかけ、環境との相互作用を通して、豊かな心情、意欲及び態度を身に付け、新たな能力を獲得していく過程である」と示されています。また、乳幼児期の発達には、特に身体感覚を伴う多様な経験の積み重ねが重要です[1]。

(1)　2009年施行の厚生労働省「保育所保育指針」の「第2章　子どもの発達」の「1　乳幼児期の発達の特性」に示されている。この章は、2017年改訂での告示化に伴い削除されたが、保育士が理解すべき重要な発達の観点が端的にまとめられている。

砂場で穴を掘り、水を
流す遊び。足場に合わ
せて身体を使う経験、
道具を使う経験、砂の
性質を知る経験、話し
合う経験、工夫する経
験。さまざまな経験に
よって学習する
かほるこども園

保育者が室内に小さな
坂をつくると、子ども
は立って登る、這って
登る、すべる、ジャン
プするなど、さまざま
な運動を試す
掛川こども園

　乳幼児は、遊びや生活という形で環境に働きかけることによって、環境の性質を学
習し、環境に合わせてさまざまな能力を獲得します。
　たとえば保育者が室内に坂や段差を作れば、子どもはさまざまな姿勢で登ったり下
りたりします。この体験によって、子どもは高さや大きさ、広さ、床の材質による硬
さの違いなど環境の性質を、体を動かしながら学習しています。と同時に、子どもは
傾斜に合わせて姿勢のバランスをとり、床の硬さに合わせて身体をコントロールしま
す。子どもは、環境に合わせた調整能力を、このような何気ない遊びの中で獲得して

いきます。

　ルソーは、子どもは大人の小型ではないことを指摘しました。ルソーは、「人間の最初の理性は感覚的理性である。その感覚的理性こそが、知性理性の基礎をなしているのだ。われわれの最初の哲学の先生は、われわれの足であり、手であり、目である」と、知性よりも先に、感覚と運動を鍛える必要性を述べました [1]。

　幼児教育が、机に座って勉強をするのであれば環境構成の必要はありません。乳幼児期は、感覚と運動を通して体験的に学習する時期であるため、保育者による環境構成が不可欠なのです。

（5）子どもの経験を左右する環境

　子どもは、環境に働きかけ、環境から応答されることによってさまざまな能力を獲得します。

　体力・運動能力・集中力・持続力・行動力・問題解決能力・柔軟性・想像力・共感性・豊かな情緒・自分の感情を統制する力・コミュニケーション技能・生活技能・社会的技能、これらはすべて体験によって学習するものです。

　無重力の空間では、子どもは自分の身体図式（体の位置や大きさなど）を認識することができません。子どもは、身体を使って人や自然物や人工物に対して働きかけることによって、環境に合わせた身体の動かし方を学習します。

積木を積むときには、子どもは対象に注意を向け自分をコントロールする　なかよし第二こども園

　環境には、子どもが自分をコントロールしなくてはならない環境と、コントロールする必要性が低い環境があります。コントロールしなくてはならない環境とは、応答性が高い環境です。たとえば水は、子どもがそっと指でさわると静かに水紋を広げますが、子どもが力いっぱい水をたたくと、バシャンと水しぶきを返します。水や砂は、子どもの行動に対して相応の返事をしてくれます。生き物も同じです。子どもは、バッタをつかまえて手の中で握りつぶしてしまったり、反対にそっともちすぎて逃がしてしまったり、繰り返し経験を積む中で、ちょうどいい握り方を学びます。

　幼児は、応答性の高い環境と関わりをもつことで対象に合わせて自分をコントロー

(1) ルソー「エミール」戸部松実訳、中央公論社、1966

散歩で摘んだ花を保育室に飾るためにもち帰った子ども。
草花はそっとさわることやそっと握ることが必要である
　　　　　　　　　　　　　　　　　ながかみ保育園

ルする練習をします。ウレタンの積木やプラスチックのブロックなどは、安全性は高いという利点はあっても、投げても踏んでも壊れないため、子どもは自分をコントロールする必要性が低くなります。おもちゃを箱の中に投げてお片付けをすることによって、子どもは物を乱暴に扱う習慣と、物は乱暴に扱っても良いという価値観を学習することにもなります。

　子どもが初めて出会う物である玩具は、棚に並べ、保育者が大切に扱ってみせることが、物を大切にする価値感を育む環境と言えるでしょう。

　乳幼児期は、環境に合わせてさまざまな能力を獲得していく時期です。環境は子どもの経験を左右し、その経験の質が、子どもが獲得する価値観や能力に影響を与えます。そのため乳幼児期には環境構成が重要な意味をもちます。

2　子どもの人格形成と保育環境

（1）子どもの暮らしの場としての保育環境

　保育室や園庭は、保育者にとっては仕事の場です。しかし子どもたちにとっては、毎日の生活の場所です。もしも、園を自分が毎日暮らす家だと考えると、カーテンやじゅうたん、家具や小物にいたるまで、気持ち良く過ごせるように選ぶのではないでしょうか。

　乳幼児の保育室の環境は、大人のために準備する環境よりも、「子どもだまし」の環境が多く見られます。大人向けの部屋には観葉植物や素敵な小物を置きますが、保育室には色画用紙で壁を飾る場合がありま

保育室に置く品物を厳選し、教育とケアの場にふさわしい環境をつくる　エミールこども園

あたたかい空間は、子どもにも保護者
にも保育者にも良い影響を与える
　　　　子育てセンターこまつ

す。壁紙やカーテンは、大人向けには美しい色合いの品を選びますが、子ども向けには、動物やキャラクターのついた幼稚な柄の壁紙を選びがちです。

　園が、子どもを興奮させ一時的に楽しませる場所であれば、できるだけにぎやかな飾り付けが良いでしょう。しかし園は、子どもの教育とケアの場です。そこでは、レジャーランドやショッピングセンターの遊び場とは一線を画した環境が求められます。子どもたちが、イメージの世界をふくらませて遊んだり、何かの活動に集中するためには、むしろ派手な飾りがない落ち着いた環境が望ましいと考えられます。

　保育所や幼稚園、認定こども園は、人格の土台を作る乳幼児期の子どもたちが生活する場であり、子どもたちの心に影響を与えています。また保育空間はそこで働く保育者の気持ちにも影響を与えます。あたたかい空間は、朝夕送り迎えをする保護者に

子どもたちを取り囲むお
だやかな色と光や空間か
ら、丁寧な暮らしが生ま
れる　ながかみ保育園

も安心感を与えます。保育の空間は、子どもの暮らしの質を規定するとともに、保護者の毎日にも影響を与えます。

　環境は人の心に影響を与える、そのために保育者は、環境構成に心を配る必要があるのです。

（2）自然の空間は子どもにとって豊かな環境

　「子どもは何もない自然の空間でも遊べる、だから保育室にも何もいらない」と言われることがあります。しかし自然の空間は何もないどころか、子どもの発達を支える環境としてとても豊かです。森などの自然の空間は、集団を受け入れる広さがあり、土や葉や虫など応答性の高い物で満ちあふれています。

　自然の空間には、子どもの差異を受け止める多様性があります。体を動かすことが好きな子どもは登ったり渡ったりすることに挑戦し、木の実や花を集めることが好きな子どもはそれらを集め、それぞれの関心に合った遊びを自分で発見します。急な登り坂を上るとき、子どもは自分の能力に合った場所を見つけて登ることができます。

　自然の空間は、応答性と多様性が高く、遊びの素材が満ちあふれているため、保育者が環境を意図的に構成しなくても、子どもたちはそれぞれが自分に合った遊びを発見できます。しかし、保育室内や園庭といった人工的な空間ではそうはいきません。保育空間に森と同じような豊かさを準備するには、保育者の環境構成技術が必要となります。

森など自然の空間は、多様性が高く保育の原理に沿った環境があり、子どもの発達環境として豊かである。園外では、場を選ぶことが環境の構成となる　森のようちえんピッコロ

（3）家庭や地域社会とのバランス

　子どもたちが自然豊かな地域の中で、異年齢集団で走り回って遊んでいた時代と、幼稚園から帰ると家の中でテレビや携帯メディアと向かい合っていることが多い現代とでは、園で優先する活動は異なります。

　自然が豊かな地域でも、車に乗って移動し、休日はショッピングセンターで過ごす子どもも少なくありません。

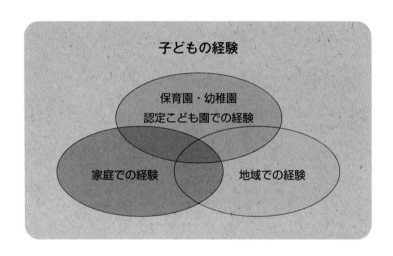

　保育所や幼稚園、認定こども園では、乳幼児期の発達に必要な経験のうち、地域や家庭で得にくくなっている経験を優先的に行います。身体や五感を使った経験、自分で考え手を使い工夫して遊ぶこと、自然との関わり、多様な人間関係などが優先されるでしょう。

　幼稚園、保育所、認定こども園の環境は、地域とのバランスで考えます。地域に自然が少なくコンクリートの人工的な

住宅街でも車が通るのが当たり前のまち。子どもが環境に働きかけることは難しい

空間が多い場合には、園庭には雑草や水など自然豊かな環境が必要です。園の周囲に勾配があり子どもが登ったり下ったりして遊べる自然がある場合には、園庭には平地があることで、子どもは多様な経験ができます。

　園の環境は、家庭と地域環境を含めて、子どもがどのような経験を得られるかを想定して構成を考えます。

（4）子どもが保育環境から得る価値と行動

　カリキュラムには、計画に書かれたねらいや内容などの見えるカリキュラムと、保育者の行動や、壁に貼られた物などの見えないカリキュラムがあります。保育環境は、見えないカリキュラムとして、子どもたちの価値観や行動に影響を与えます。

　たとえば保育室に準備された遊びの素材や道具は、子どもの価値観に影響を与えます。ルールを守ることでおもしろさが生じるボードゲームがあれば、子どもはルールを守ることの意義を経験的に理解します。美しい色鉛筆があれば、子どもは色彩の不思議さに心を奪われることがあるでしょう。糸を選び根気強く編んでマフラーを完成させた子どもは、根気強く作業をした後の達成感とプロセスの大切さを感じます。簡単に成功感が味わえるお絵かきソフトを使う子どもは、快適で速いことに価値をおくようになるかもしれません。

整理された環境の中で、子どもは物を大切に扱うことを学習する
ながかみ保育園

　また、見えるカリキュラムとして「物は大切にしましょう」と保育者が話をし、物を大切にすることをテーマにした紙芝居を読んだとしても、実際の保育室で、物を箱へ投げ込み粗末に扱っている場合には、子どもは物を大切にする価値観と行動を得ることが難しくなります。子どもが物を大切にすることを身につけるためには、玩具は棚に並べ、保育者が物を大切に扱う姿を見せるようにします。

　このように、子どもを取り巻く保育環境は、見えないカリキュラムとして子どもたちの価値観と行動に影響を与えています。

根気強く機織りに取り組む子どもの様子　ときわ保育園

（5）わたしたちが目指したい社会と環境構成

　昭和の高度成長期には、指示通りに行動し指示以外のことはしない人間を育てる画一型の教育が行われてきました。しかしこれからの時代は、変化の激しい予測不可能な社会です。指示通りに行う仕事はＡＩが行い、人間に残される仕事は創造性と柔軟性が必要な仕事や、複雑なコミュニケーションが伴う仕事です。子どもたちは、これから過去の経験では解決できない課題と向き合うでしょう。社会は大きく変化しています。保育者は自分が受けた画一的な教育とは違う保育を創り出す必要があります。

　2017、2018 年に改訂された「学習指導要領」は、幼児期から高等教育まで教育課程全体を通して育成をめざす資質・能力として三つの柱を示しています。

　1．何を理解しているか、何ができるか。
　　　生きて働く「知識・技能」の習得。
　2．理解していること・できることをどう使うか。
　　　未知の状況にも対応できる「思考力・判断力・表現力等」の育成。
　3．どのように社会・世界と関わり、よりよい人生を送るか。
　　　学びを人生や社会に生かそうとする「学びに向かう力・人間性等」の涵養。

　要領に示される学習者の姿はとても主体的です。このような資質・能力を育むには、保育者の指示通りに行う活動中心から、環境に対して子どもが働きかける主体的な活動を中心にする必要があります。

　保育の環境は、子どもたちが将来つくる社会につながっています。園の保育環境を見回してみましょう。その環境は、子どもたちにどのような価値を伝えているでしょうか。そこで育った子どもたちはどんな社会をつくるでしょうか。もしも保育者が、子どもたちに対して、自然と調和した生き方をしてほしい、また多様性を尊重し誰も置き去りにしない社会をつくってほしいと願うならば、そのような場を子どもの周りにつくることが必要なのです。

どんな人間に育ってほしいのか、どんな社会をつくってほしいのか、保育の環境には保育者の願いが込められている　ながかみ保育園

3 保育の専門知識に基づく環境構成

（1）乳幼児期の学び

　幼児教育といえば、体操教室、音楽教室など、小学校のような教室のイメージをもつ人も少なくありません。しかし、乳幼児期は、学童期とは異なる発達段階にあり、学童期とは異なる学習経験が必要です。

　乳幼児期の効果的な学びは、情緒と体の安定が基礎であること、身体と感覚を使った体験による学びであること、自発的に始まり環境との関わりによる学びであること、抽象化された教材（教科書や視聴覚教材）よりも、自然や物、人など具体物による学びであること、状況の中での学びであること、子どもが必要に応じて学ぶことといえます。

　そのために乳幼児期は、遊びを通した教育を行い、保育者は環境を構成して子どもの豊かな体験を支えます。ただし、保育所・幼稚園、認定こども園での遊びは、完全に自由な遊びではなく、保育者の意図に支えられ、保育者が行う環境構成に影響を受ける遊びです。

　遊んでばかりでは、小学校で机に座ることができるか心配する保護者もいることでしょう。のびのびと遊び、情緒と身体が安定した子どもは、意欲的に学習に取り組むことができます。教科書を広げる、字を書く、消しゴムで消すといった行動にも、安定した身体と調整能力が必要です。自分で状況を判断し行動する主体的な生活態度と、わからないことを人に尋ねるコミュニケーション能力を身につけている子どもの場合、園と学校の文化の違いは問題になりません。

　乳幼児期には、学童期以降の抽象的な概念の学習を行う前に、抽象的な学習の土台となる遊びと生活の体験を積む必要があります。たとえば、小学校以降の計算や応用問題、文章を使って表現する算数を理解するには、乳幼児期に豊かな数量体験を積み、思考力や表現力の基礎を培うことが大切です。保育者は、子どもたちが遊びや生活の場面で、重さや広さ等を身体で感じる体験や、分ける、比べる、順序づける等の体験を積むことができるように環境を構成します。「幼稚園教育要領」には、数量や文字について次のような留意点が示されています。「数量や文字などに関しては，日常生活の中で幼児自身の必要感に基づく体験を大切にし、数量や文字などに関する興味や関心，感覚が養われるようにすること」。文字や数などは、手紙を読みたい、おやつの数を数えたいなど、子どもが必要にかられて文字や数を知るといった必要感のある学びが大切です。

　子ども自身の体験の積み重ねや、思考力、想像力の高まりは、大人の目には見えにくいものです。保育者は、目に見えにくいものを大切にしながら、環境を構成します。

（2）保育の方法と環境構成

　乳幼児の教育方法は、遊びや生活を通して総合的に行うことが基本です。「幼稚園教育要領」には「幼児の自発的な活動としての遊びは，心身の調和のとれた発達の基礎を培う重要な学習であることを考慮して，遊びを通しての指導を中心として（略）ねらいが総合的に達成されるようにすること。」、「保育所保育指針」には、「乳幼児期にふさわしい体験が得られるように、生活や遊びを通して総合的に保育すること。」と示されています。

　小中学校では、学習内容を教科に分け、それぞれの教科で体系化し配列された教科書を用いて「授業」という学習形態をとります。しかし、保育所や幼稚園等には教育内容が配列された教科書はありません。

　保育者は、子どもの姿を把握して、目の前の子どもに合ったねらいをたて、それを子どもの遊びや生活として想定し、子ども自身が展開することを助けます。

　保育者は、「指針」や「要領」に示された保育の内容を、環境を準備することによって、子どもが遊びと生活として展開することを助けます。たとえば「保育所保育指針」には、「身近な環境に親しみ、触れ合う中で、様々なものに興味や関心をもつ。」というねらいがあります。保育者は、子どもが土や水と親しんでほしいという意図をもって砂場にバケツやスコップを準備します。ふるいを準備することによって、子どもは砂の大きさの違いやふるいの性質、細かな砂の美しさに気づきます。大小のバケツがあれば子どもは量や重さを遊びの中で経験できるでしょう。保育者は、こんな環境を準備すれば子どもたちがこんな経験ができるだろう、と常に子どもの経験を想定しています。

保育所や幼稚園は毎日が総合学習。子どもは遊びや生活のなかから学びを得る　大徳学園

　環境の構成には、その前提として子どもの発達段階の理解、幼児期の遊びと生活の理解等の専門知識があります。また子どもの活動を想定する力が必要です。

積木で建物を作っている途中で高さが合わずに話し合いを始めた子どもたち。保育者は子どもに問いかけて考えを引き出す　愛恵保育園

机に子どもたちを座らせて市販の幼児向けドリルを一斉に行う活動は、発達を理解していなくても行うことができます。しかし適切な環境を準備して、子どもが遊びや生活で総合的に学ぶことを助ける保育の方法には、前提となる多くの専門知識と技術が欠かせません。

　保育者は環境を構成すると同時に、集団の中で個々の子どもを把握し、継続的に援助を行います。この方法は小学校で生活科、あるいは総合学習等で用いられていますが、教員には一般的な授業よりも専門性が必要であると言われています。一斉指導でもなく放任でもない保育の方法は、高い専門性と柔軟性が求められる教育方法と言えます。

（3）保育の原理と環境構成

　保育者は、公的な機関において子どもの教育と養護を行う専門職であり、専門知識に基づいて環境の構成を行います。

　保育の環境は、保育の目標・方法等保育の原理と整合性がとれていなくてはなりません。保育環境は、「指針」、「要領」に示される保育の目標を展開するものであり、以下の保育の方法原理に基づいて構成するものです。

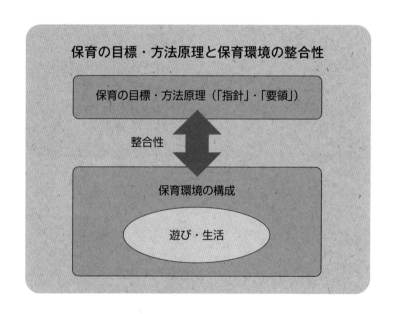

　第一に発達の原理です。子どもの身体の大きさ、手の操作性、認知、遊びの段階など子どもの発達段階に合わせて遊びと生活の環境を準備します。

　第二に個性化の原理です。子どもは一人ひとり異なります。個々の子どもの興味・関心をふまえて、保育室と園庭には多様な環境が必要です。ごっこ遊びが好きな子ども、工作が好きな子ども、うたや踊りが好きな子どもなど、子どもの興味や関心は一人ひ

保育の専門性によって、集団保育でありながら家庭よりもあたたかく安心できる環境を作る
ながかみ保育園

とり違います。それぞれの子どもの強みを伸ばせる環境を準備します。

　第三に経験の原理です。乳幼児は感覚と運動を通して自分の周りの環境との直接体験の中で学ぶ時期です。机に座りノートやパソコンを使った学習よりも、直接事物にさわり、匂いをかぎ、身体を通して学ぶことを優先する時期です。

　第四に主体性の原理です。子どもが自分から始め、自分で終了することができる素材や用品を選択します。玩具や遊びの素材は、子どもの手の届く位置に置き、子どもが自分から遊びを始めることができ、自分で行動を選択できるようにします。

　第五に社会化の原理です。子どもに提供される素材や用品は、社会で生活する力の基礎となるものであり、暴力など反社会的な行動を学習させるものは不適切と言えます。

（４）家庭や地域のモデルとしての保育所・幼稚園

　保育所や幼稚園等には、その保持する資源（園庭・保育室・人・物など）や専門性をいかして、地域の子育てモデルとしての役割が求められています。そのため、保育室や園庭は、子どもの教育環境として家庭よりも文化的に質が高いことが期待されています。

　保護者は、幼稚園・保育所等の「先生」に教育の専門家としての期待を抱き、専門知識をもっていることを信頼して子どもを預けます。

　保育室は保護者の目にふれやすいために、専門性に基づいた家庭とは異なる絵本や玩具が選択された文化的な環境をつくれば、保護者からの信頼を得やすくなります。反対に保育室にアニメ絵本やテレビのキャラクター人形等が並べられていると、教育熱心な保護者は子どもへの教育を行ってもらえていないと誤解をしてしまう場合もあ

ります。

　保育所や幼稚園等の保育室と園庭は、家庭のモデルとなります。また園が提供する文化は地域へ影響を与えます。

（5）専門職としての環境構成

　専門職は、自らの好みや主観を判断の基準とせず、専門知識と事実に基づいて判断し行動します。保育者が根拠とする専門知識には保育の目的・目標、保育の方法原理、発達過程、ねらいと内容等があります。保育者は、専門知識に基づいて、保育室に置く絵本や玩具等を選び、子どもの発達に適した環境を構成します。

　保育の質は、「保育所保育指針」や「幼稚園教育要領」等を、遊びや生活、環境の構成に展開する過程において差異が生じます。「指針」や「要領」には、基本的なねらいと内容が示されています。それらをどのような活動として展開することを想定するのか、そのためにどのような環境を構成するのか、その選択は保育者に任されています。保育内容の質は、保育者の価値観と保育者が保持する子どもの活動や環境構成の知識に左右されます。

　保育者が、もしも自分が子どもに好かれることを目的にしている場合は、子どもたちを自分に引き付け喜ばせることに終始してしまうでしょう。しかし幼児期に、かん高い大きな声と強い刺激で引き付けられ、大騒ぎをさせられていた子どもたちが、小学生になったからといっていきなり教師の話に集中し、自分で考えることは困難です。

　保育者は、専門職として、家庭よりも教育的に優れた環境をつくり、適切な文化を提供します。そして子ども自身が喜びや楽しみをつくり出せるように援助をします。

季節と子どもの興味関心に沿った図書の選択と置き方から、保育者の意図や専門性が感じられる　子育てセンターこまつ

（6）保育者の子ども観・遊び観・保育観と保育環境

　保育者がつくる環境は、その保育者がもつ子ども観・遊び観・保育観に影響を受けます。

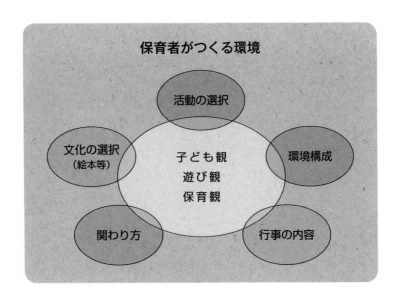

　たとえば、「子どもの感性は大人よりも鈍い」という子ども観をもつ保育者は、保育室に幼稚な飾り付けをします。反対に「子どもは大人よりも感受性が鋭い」という子ども観をもつ保育者は、本物を置こうとします。

　また、保育者の役割は「子どもを引き付けて楽しませること」だという保育観をもっている保育者は、子どもが喜ぶ服を着て、子どもが喜ぶ玩具や絵本を選び、子どもが喜ぶ行事をします。一方で保育者の役割は「子どもが喜びをつくり出す遊びや生活を援助すること」だという保育観をもつ保育者は、子どもを引き付けない服を着て、遊びが広がる玩具や絵本を選びます。（遊び観については第2部 第1章を参照）

　子ども観・遊び観・保育観の違いは、保育者間のトラブルの原因になります。これらが人によって大きく異なる園は、個人の考えや感性で保育をしているといえます。保育者は、専門知識に基づいた子ども観・遊び観・保育観をもつことが必要です。

第2章

環境構成の基本

1 環境構成とは何か

（1）環境構成の定義

　幼稚園の保育内容を定めた「幼稚園教育要領」と、保育所の保育内容を定めた「保育所保育指針」には、保育は「環境を通して行う」ことが示されています。「幼稚園教育要領」の「幼稚園教育の基本」には「幼稚園教育は、(中略) 幼児期の特性を踏まえ、環境を通して行うものであることを基本とする」とあります。

　「保育所保育指針」には「保育の環境には、保育士等や子どもなどの人的環境、施設や遊具などの物的環境、更には自然や社会の事象などがある。保育所は、こうした人、物、場などの環境が相互に関連し合い、子どもの生活が豊かなものとなるよう、次の事項に留意しつつ、計画的に環境を構成し、工夫して保育しなければならない。」と示されています。

　保育では、環境を整える、環境整備、環境設定などの言葉が使われてきました。環境構成は、保育室を飾ることや安全のための環境の整備などを含みますが、環境構成は単なる装飾や整理整頓のことではありません。保育の環境構成は、保育者が専門知識に基づいて行う行為です。

> **環境構成の定義**
>
> 保育者が、保育または保護者支援を目的として、
> 人・自然・物・空間・時間等の環境を意図的に
> 選択し構成する行為

本書では、保育者が保育で行う環境構成を、「保育者が、保育または保護者支援を目的として、人・自然・物・空間・時間等の環境を意図的に選択し構成する行為」と定義します。「環境設定」と「環境構成」は、現在、ほぼ同じ意味で用いられています。

「環境設定」は、一度設定したら終わりのような静的なイメージをもちやすいため、今後は環境構成に統一することが望ましいと考えています。

（2）「環境を通した保育」と「一斉保育」「自由保育」

「環境を通した保育」は、「一斉保育」でも「自由保育」でもありません。

子どもの主体性を尊重する環境を通した保育へと変わる以前は、保育者が子どもに望ましい経験をさせる一斉活動と、意図のない環境で自由に遊ぶ自由遊びの時間に分かれている園が多くありました。1989年に要領・指針が改訂され、子どもの自発的な遊びを中心的な活動とし環境を通して行う保育へと変わりました。

環境を通した保育では、子どもが自由に遊ぶ場面でも意図的に環境が構成されます。

（3）「環境構成」を行う範囲

①教育と養護に用いられる環境構成

保育所や幼稚園、認定こども園では、教育（子どもが健やかに成長し、その活動がより豊かに展開されるための発達の援助）と養護（子どもの生命の保持及び情緒の安定を図るために保育士等が行う援助や関わり）が一体として保育を行います。環境構成は、教育と養護の両方で行います。

たとえば、保育者は、夏の園庭には日陰を配置し、水分を補給する時間と場を作り事故が起きないように配慮を行っています。写真は、園庭に設置された水筒の棚の例です。自分でのどが渇いたときにいつでもお茶が飲めるようにするために、園庭に水筒の棚を設置しています。

この環境によって、子どもは主体的に判断する、行動することを経験し、自分の健康を守る行動を獲得します。同時に、きれいに棚に並べられていることによって、子どもは自分の「水筒は右の棚のまん中にある」など、位置を学ぶことができます。

このように保育者は、養護と教育の機能を一体として環境の中に含ませています。

養護と教育の機能が含まれる環境構成の例
ながかみ保育園

②子どもの主体的な遊びと保育者が主導する活動で用いられる環境構成

　園庭で子どもが主体的に遊ぶ場面では、保育者は子どもの遊びを予測して、園庭に適切な素材と道具を準備することによって子どもの遊びを促しています。砂場に大型スコップがあれば、ダイナミックな山作りや川遊びが生まれます。バケツがあれば砂場に水が運ばれます。

　また、保育者が主導して何かを行う活動場面でも、環境構成の技術を用いています。たとえば机に座って造形作品を作るとき、一人ひとりの子どもが十分に活動できる広さのテーブルを準備し、素材と道具の選択と置く位置、提出台の準備、雑巾や手拭の準備など環境の構成を行ってから始めます。

　保育者が単に絵本の読み聞かせを行う場面でも、環境構成は行われています。隣のクラスの活動で声が聞こえにくい場合には最初に窓やドアを閉めてから子どもたちを集めます。保育者は飾りのない壁を背にして子どもが絵本の絵に集中しやすい位置に座ります。保育者がシンプルな服装をしていることや、話し方や表情に留意することも子どもが集中するための重要な環境構成です。

自然物に働きかけることができる道具を準備し、子どもが
自由に出し入れできる　川和保育園

保育者の主導する活動場面における環境構成。フェルトペンで塗る場面では、机にあらかじめ新聞紙を敷く

③子どもの保育と保護者の支援に用いられる環境構成

　環境構成の技術は、子どもの保育のみならず、保護者の支援においても用いられています。保育者は掲示物や家具の配置等さまざまな環境構成を用いて、保護者との信頼関係を形成し保護者の日常生活を支え、保護者の子ども理解を促しています[1]。本書では、子どもの保育を説明の範囲としているため、保護者の支援における環境構成については、参考資料をご覧ください[2]。

(1) 高山静子「保護者支援の環境構成技術」柏女霊峰・橋本真紀編『保育相談支援』ミネルヴァ書房、2010、pp.68–84
(2) 高山静子『子育て支援の環境づくり』エイデル研究所、2018

（4）5領域と「環境構成」の関係

　環境構成の技術は、健康・人間関係・環境・言葉・表現の5つの領域のすべての内容に共通して用いられています。5つの領域は総合的に活動として展開されます。領域「環境」に関する内容のみで、環境構成が用いられるわけではありません。運動能力の獲得や人間関係の形成、音楽表現や言葉の獲得においても、保育者の環境構成の技術は不可欠と言えます。

　保育者は、子どもの健康・人間関係・言葉・表現・環境のバランスよい発達が保障されるように、環境を構成します。各領域のねらいと内容を念頭においた上で、子どもに必要な経験を想定し、子どもがそれらの経験ができるように環境を構成しています。領域「環境」は、子どもの発達のねらいを示したものであり、環境構成は、保育者が用いる保育の方法です。

（5）領域「環境」と「環境構成」の関係

　保育内容の領域「環境」と、「環境構成」は、初めて保育を学ぶ際に最も混乱しやすい概念です。5領域（「健康」「人間関係」「環境」「言葉」「表現」）の一つである「環境」は、保育の内容を指し、「環境構成」や「環境を通した保育」は、保育の方法を指します。

　5領域は、言葉の発達、表現の発達といったように子どもの発達の側面から、保育のねらいと内容を、便宜的に分けたものです。子どもの発達をバランスよく意識し、

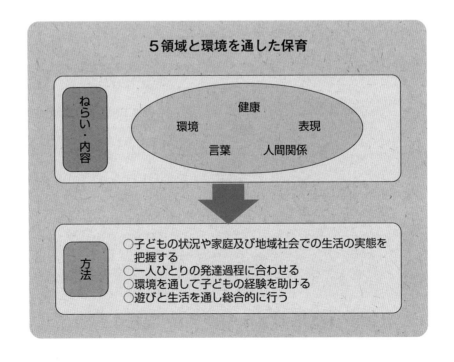

総合的に遊びや生活として多様な経験ができるように示しているのが、保育のねらいと内容です。

「幼稚園教育要領」によると、領域「環境」は、子どもが「周囲の様々な環境に好奇心や探究心をもって関わり，それらを生活に取り入れていこうとする力を養う。」領域です。そこには、自然や動植物、遊具や物、数量や図形や文字等、子どもが環境を認識する観点と、そのために必要な経験が含まれています。

これに対して「環境構成」は、保育者の側が用いる保育の方法です。

環境を通して行う保育において、保育者が用いている技術が環境構成の技術です。

幼稚園教育要領 第2章ねらい及び内容「環境」

周囲の様々な環境に好奇心や探究心をもって関わり，
それらを生活に取り入れていこうとする力を養う。

1 ねらい

(1) 身近な環境に親しみ，自然と触れ合う中で様々な事象に興味や関心をもつ。

(2) 身近な環境に自分から関わり，発見を楽しんだり，考えたりし，それを生活に取り入れようとする。

(3) 身近な事象を見たり，考えたり，扱ったりする中で，物の性質や数量，文字などに対する感覚を豊かにする。

2 内容

(1) 自然に触れて生活し，その大きさ，美しさ，不思議さなどに気付く。

(2) 生活の中で，様々な物に触れ，その性質や仕組みに興味や関心をもつ。

(3) 季節により自然や人間の生活に変化のあることに気付く。

(4) 自然などの身近な事象に関心をもち，取り入れて遊ぶ。

(5) 身近な動植物に親しみをもって接し，生命の尊さに気付き，いたわったり，大切にしたりする。

(6) 日常生活の中で，我が国や地域社会における様々な文化や伝統に親しむ。

(7) 身近な物を大切にする。

(8) 身近な物や遊具に興味をもって関わり，自分なりに比べたり，関連付けたりしながら考えたり，試したりして工夫して遊ぶ。

(9) 日常生活の中で数量や図形などに関心をもつ。

(10) 日常生活の中で簡単な標識や文字などに関心をもつ。

(11) 生活に関係の深い情報や施設などに興味や関心をもつ。

(12) 幼稚園内外の行事において国旗に親しむ。

（6）保育の展開過程と環境構成

　環境構成は、保育の展開過程の一つに位置づけられます。保育者は、①対象を把握し、②ねらいを設定し、③ねらいに沿った遊びや生活等、子どもの活動を想定し、④個々の子どもの経験を助ける環境を構成し、⑤必要な直接的な援助を行い、⑥随時、環境の再構成を行っています。

　子どもに適した環境を準備するためには、まず、それぞれの子どもと集団を把握します。環境を構成する上でとくに把握が必要な点は、次のような点です。

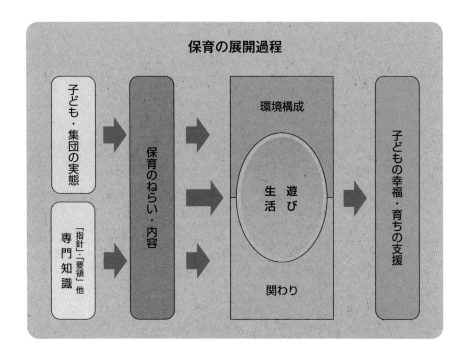

　遊びの環境では、情緒の安定度と健康状態、身体運動・手指操作・遊びの発達段階、興味・関心や認知の特性、仲間関係などを把握します。

　食事・排泄・着脱・睡眠等の生活の環境では、身体運動・手指操作・生理的な機能の発達段階、家庭での生活習慣の経験、生活習慣の自立の段階を把握します。

　保育者は、個々の子どもを把握した上で、子ども同士の関係、クラス全体の状況、生活の流れなどをふまえて経験を想定し、環境を構成します。また季節や行事など、その時々の中心的な活動に合わせて環境を構成します。

　環境は、はじめに構成すれば終わりではなく、活動の展開の上で必要に応じて随時行うものです。遊びの継続を助けることや、遊びの変化・発展を助けるため、また子どもたちの発想により、柔軟に環境を構成します。

2 環境の要素

　環境は、要素に還元することはできません。しかし保育者が環境を構成するポイントを要素として把握すると環境構成を行いやすくなります。保育者が環境を構成するときに考慮する要素には、(1) 自然、(2) 物、(3) 人、(4) 色、(5) 色以外の視覚刺激、(6) 音、(7) 空間、(8) 動線、(9) 時間、(10) 気温・湿度・空気の質があり、これらの要素が混じり合うことによって、その場の雰囲気ができあがります。

　保育者は、保育室や廊下・園庭等で、この 10 の要素を考慮して場の構成を考えます。園外活動で場所を選ぶ際には、これらの要素を把握して選択を行います。ある場を見て、これらの要素別に質と量を把握できることが、環境構成の専門性の一つと言えます。

（1）自然

　保育室や園庭には、さまざまな自然が選択され配置されています。保育室には、畳、木の床やしっくいの壁など自然の素材が使用されます。

　また、園では意図的に植物を育て、虫を飼います。園庭では築山やビオトープを作る、雑草を残すなど、子どもが自然と出会えるように環境構成が行わ

オフィスビルの保育園でも、壁・棚、植物等で子どもたちの周りを自然で取り囲むことができる　まちの保育園六本木

れます。そして、そこに雨が降り水たまりができるという自然の事象が加わります。園内にどのような自然をどれだけ配置するかを考えます。

（2）物

　保育室には、テーブルやイスなどの家具、玩具、空き箱や紙などの遊びの素材とそれに働きかけるためのハサミやセロハンテープなどの道具が揃えられます。園庭には、砂や土のような遊びの素材とそれに働きかけるためのスコップなどの道具を準備します。物は、素材により色、形、手ざわり、匂いな

子どもたちは、保育者が選び準備した物を使って生活と遊びを作り出していく　和光保育園（千葉）

どが異なります。置かれた物の質と量によって子どもの経験は変化します。

（3）人

　その場にいる人は、場の雰囲気を生み出す重要な要素です。どんなにあたたかい空間が準備されていたとしても、そこに怖い顔をした保育者が一人いれば不安な場になります。保育者の表情・服装・動き方などは子どもに影響を与えます。たとえば保育者が子どもを引き付ける服装をしている場合には、子どもたちは保育者に集中します。保育室内では、保育者は子どもが遊びに集中できるように服装を選びます。また子どもの人数とクラスの規模も、場の要素として重要です。

保育者の服装やふるまいは、場の雰囲気を生み出す重要な要素　ながかみ保育園

（4）色

　保育室には、さまざまな色が氾濫しています。壁の色、カーテンやじゅうたんの色、棚やロッカーの色、玩具や飾りの色があり、それに加えてカラフルな服を着た子どもや保育者が動き回るため、一般の家庭よりも色彩が多くなります。原色同士の組み合わせや、人工的な色彩では、自然の色彩よりも不調和になりがちです。保育者は、色彩の量と調和を考えて、環境を構成します。

全体の色調を抑え、ついたてで季節感や変化を演出する　ときわ保育園

（5）色以外の視覚刺激

　保育室内には、色以外にも形や光、動きなどの視覚刺激があります。

　園には、子どものロッカーと持ち物、掲示物、壁に貼られた飾り、子どもの作品などがあり、それに加えて子どもや保育者が動き回るため、視覚的な刺激の量は、家庭よりも圧倒的に多くなります。

視覚刺激量が考慮された自然に近い屋内空間。ここにカラフルな服を着た子どもたちが加わると、いきいきとした空間となる　和光保育園（浜松）

また自然界にはない新奇な形は、子どもの目を引き付けます。視覚的な刺激に弱い子どもは、活動に集中することが難しくなります。設計では、乳児室の照明等に配慮が必要です。保育者は、保育室内の形や光、動きなどの視覚刺激の量と質を把握し調整するようにします。

（6）音

保育者の声、子どもの声、玩具が出す音、保育室で流す音楽など、さまざまな音も環境を構成する要素の一つです。音は、人にとって刺激でもあると同時にストレスにもなります。継続的に音が鳴り続ける場所では、人はストレスを感じます。大きな声を出さないと人の声が聞こえない保育室では、子

風に葉がそよぐ音や小鳥のさえずりなどが心地よい音環境
森のようちえんピッコロ

どもは大声で話をするようになります。一クラスの集団が大きい場合や、ピアノや音楽CD等を頻繁に使用する園では、各クラスで適切な音環境を確保することが課題となります。園庭も、土の性質や植樹の量により、音環境が異なります。

（7）空間

空間の広さと雰囲気は、子どもたちの行動に大きな影響を与えます。

柔らかいじゅうたんがある空間では子どもは座り、広い空間や細長い空間では子どもたちは走り回ります。また、子どもの人数が多く、遊びの空間が込み合うと、子ども同士のトラブルが頻発します。保育者は、空間にさまざま

子どもの姿、集団の変化を見ながら空間の大きさや機能を考えていく　和光保育園（浜松）

な機能をもたせるために、空間を区切ったり雰囲気をつくったりして、環境構成を考えます。

（8）動線

保育室や園庭には、目には見えない人の動線があります。主に、子どもの動線と保

育者の動線と送迎する保護者の動線が
あります。たとえば、朝の保護者の動線、
子どもがトイレに行くときの動線、食
事の配膳のときの動線等、いずれも少
ない方が、子どもにとって落ち着きの
ある空間となります。また、保育者も
ゆとりのある行動をしやすくなります。
　保育室内の動線を把握し、できるだ
け無駄な動きが少なくなるように空間
を構成します。

保育者同士で子どもになって動線を確認する　初倉保育園

（9）時間

　時間の環境は、子どもの活動と保育
者の関わりに影響を及ぼします。時間
の環境がよいと子どもは主体的に行動
でき、保育者はゆったりと見守ること
ができます。
　細切れの日課を改善し、遊びの時間
をたっぷりと取れる時間の環境をつく
れば、子どもは活動欲求が充足し情緒
が安定します。一斉の排泄や食事を止

子どもと家庭の多様性の幅が大きいため食事はレストラン
形式とし、時間にも幅をもたせる　ながかみ保育園

めて時間にゆとりをもたせれば、保育者は子どもを急がせたり待たせたりする必要が
ありません。生活時間の違い等の個別性にも配慮することができます。

（10）気温・湿度・空気の質

　気温や空気の質は、快・不快に影響
を与えます。快適な気温は活動や着衣
により異なりますが、蒸し暑いと不快
感が増します。保育者は、気温の調節
や換気等に気を配りますが、保育室は
これらを快適に保つことができるよう
に設計されていることが前提です。

空気の流れや光の差し込み具合を考えて保育室を設計する
ながかみ保育園

3 環境構成を支える知識と技術

（1）環境構成の基底となる知識

　環境構成を行うためには、専門知識が必要です。図は、保育者が根拠に基づく環境構成を行うために、その前提にどのような知識と技術があるかを示したものです。これに対して、整理整頓や保育者が作る壁面には、図のような専門知識や技術は不要です。

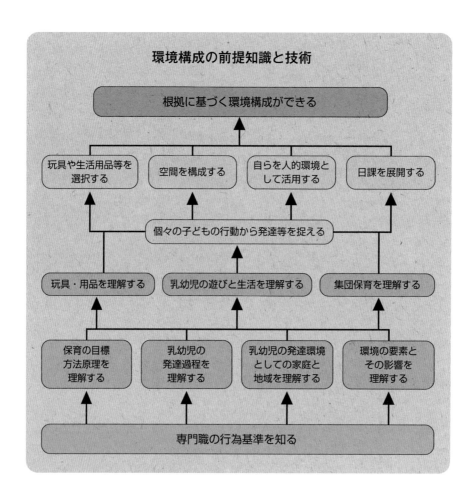

　まず、環境構成の根底には、専門職の行為基準があります。専門職は専門知識という根拠に基づいて判断します。環境構成は自分の好みで行うものではありません。

　次に環境構成を行うための４つの基本的な知識があります。①保育の目標と方法原理の知識、②乳幼児の発達過程の知識、③乳幼児の発達環境としての家庭と地域に関する知識、④環境の要素とその影響に関する知識です。

　①〜③は、保育者の養成教育の中で学びます。①の保育の目標と方法原理は、「指針」、

「要領」にまとめて示されています。②の乳幼児の発達過程は、科目「保育の心理学」で学びます。③は科目「子ども家庭福祉論」「子育て支援」で学習します。

④の環境の要素とその影響に関する知識は、まだ養成課程には組み込まれていません。本書では引用に留めましたが、認知心理学、生態心理学、環境心理学等の知見を、今後保育の基礎理論として整備していく必要があります。

（2）環境構成の４つの技術

環境構成の技術は、主に次の４つに分けることができます。

①玩具や生活用品を選択する技術

乳幼児の発達に適した玩具や生活用品を選択し、それを目の前の子どもの発達段階に応じて体系的に提供を行うことができる技術です。子どもに合わせて適切な素材や道具を準備するためには、遊びの素材や道具を知っていることが不可欠です。玩具を知らない保育者は、子どもにブロックやままごと用品しか提供できません。さまざまな玩具や絵本、生活用品の理解があって選択が可能となります。

②空間を構成する技術

子どもが活動の欲求を十分に充足できる空間、安心してくつろいだ気持ちになれる空間、子どもが主体的に生活できる空間、個と集団が確保される空間、恒常的な空間、変化のある空間など複数のねらいのバランスをとりながら空間を構成する技術です。また、保育者と子どもの動線を考えて空間を構成し、視覚刺激・聴覚刺激の質と量として適切な空間を構成する技術です。

③日課を展開する技術

個々の子どもの生活時間を把握し、クラス全体として時間をマネジメントする技術です。保育者は、子どもの状態と活動の内容をふまえて、予測をもちながら柔軟に対応を行います。

④自らを人的環境として活用する技術

自分自身を人的環境として、自らをコントロールし自らを活用する技術です。服装・表情・動き・話し方などを意図的に演出することによって、保育者は場の雰囲気をつくり出します。

詳しくは次節で説明します。

（3）自らを人的環境として活用する

　保育者は、自らを人的環境として意図的に構成します。

　保育者がコントロールする要素には、服装・表情・姿勢・動き方・話し方・声等が
あります。保育者は、これらを意図的にコントロールすることで、あたたかくリラッ
クスした雰囲気や、緊張した厳格な雰囲気などを作り出すことができます。たとえば
広い自然公園へ散歩に行く場合には、保育者が目立つ色の帽子や服を着ていると、子
どもは保育者がどこにいるか一目でわかります。

　室内ではキャラクターや動物がついた服装よりも、シンプルな服の方が子どもの遊びのイメージを邪魔しません。また、園庭で遊ぶときには動きやすい服装をし、食事の準備の時間になるとエプロンと三角巾をつけて食事の雰囲気を演出します。

　「さあ、そろそろ食事の時間

優しい笑顔で遊びを見守る保育者は、子どもにとって最高
の環境　掛川こども園

園庭で造形活動に取り組む子どもたちと保育者。保育者の話し方や動きが、その場の雰囲気を作る
ながかみ保育園

だわ」と独り言を言いながら
身支度をしテーブルを拭きま
す。そうするとハイハイの赤
ちゃんであっても自ら食事の
テーブルに行こうとします。

　このように保育者が分かり
やすく状況をつくることで、
子どもの主体的な行動を助け
ることができます。

　保育者の声や話し方も場面
によって演出します。危険な
道路を歩く前に注意事項を話

保育者同士のあたたかい関係が場のよい雰囲気をつくりだす
おおな愛児保育園

すときには、表情を引き締め緊張感のある話し方をして危険を伝えます。反対に子ど
もたちが食事をしているときには、あたたかくゆったりとした雰囲気で見守ります。
　遊びや生活等、子どもが主体的に活動している場面では、保育者の大声は活動の邪
魔になります。環境を通した保育は、子どもの「主体的、対話的で深い学び」を援助
する保育です。危険がない限り大声は控え、相手に届く声で会話をするモデルを子ど
もに見せるようにします。

あたたかみのある服装や雰囲気、顔の表情で乳児クラスの子どもたちと関わる　青葉保育園

4 環境構成の両義性

（1）矛盾を紡ぎ合わせて構成する環境

　保育者はこれまでに示した原則的な知識を使って環境を構成しますが、実際に環境を構成すると、さまざまな矛盾とぶつかります。保育者はその矛盾と向き合いながら、ちょうどいい環境を考えます。

　保育者が配慮する点には、個の活動と集団の活動のバランス、静の活動と動の活動のバランス、緊張と弛緩のバランス、粗大な活動と微細な活動のバランスがあります。たとえば、鬼ごっこの後にプールに入り、運動遊びをするといった動の活動が続かないように、プールの前後には静かな活動を入れるようにします。園全体の集会の前に担任がクラスで長々と話をすれば、子どもの緊張は続きません。緊張が必要な場面の前には、リラックスした活動が必要です。物的環境も、一人で遊ぶ空間とグループで遊ぶ空間、粗大な活動の空間と微細な活動の空間、活動的な空間と静かでリラックスできる空間など、バランスを考えて構成します。

　このように保育者の環境構成は、さまざまな視点からの複層的な判断を必要とし、柔軟性をもって継続的な見直しを行う非常に高度な技術だと言えます。

　次節から、とくに保育者を悩ませる難しい矛盾について説明をしていきます。

（2）情緒の安定を促す環境と発達を促進する環境のバランス

　保育は養護（生命の保持と情緒の安定）と教育（子どもの発達の支援）を一体として行いますが、子どもの情緒の安定を促す環境と、発達のために必要な負荷がかかる

環境は、ときに矛盾する場合があります。

　たとえば、ケンカが全く起きないように配慮された環境では、子どもの情緒は安定します。しかし、保育者は、子どもが順番を守る時期になると、意図的に三輪車を子どもの人数よりも少ない数だけ出す場合があります。それによってケンカも生じることがありますが、子どもは順番を守ることや、相手と交渉すること、譲り合い妥協することなど、人間関係を学びます。また幼児は、自分の感情への対処方法を、経験の中で学習します。そのためには、子どもはうれしい、楽しい感情とともに、悲しい、くやしい、つらい、さびしいなどの感情体験も必要です。また、きれい、

畑を耕す、掃除をする、料理や器を作るなど人間の労働と創造的活動には汚れがつきもの。幼児期には、遊びとしてそれらを経験する

気持ちいい、よい香りだと感じる経験に加えて、汚い、怖い、臭いと感じる経験も欠かすことができません。しかし、マイナスの感情や経験は、その質と量が重要であり、子どもに過剰（かじょう）な負荷をかけすぎた場合には、子どもの人格形成に悪影響を及ぼしますので注意しなくてはなりません。

　情緒の安定と挑戦的な課題の配分は、年齢と、家庭や地域の状況とのバランスを考えて配置します。乳児や入園したばかりの子ども、また家庭の状況により情緒が不安

いきいきとした遊びの空間（奥）と情緒の安定が求められる空間（手前）。着替えや午睡の空間は畳を敷いてあたたかな雰囲気を醸し出す　子育てセンターこまつ

定になりがちな子どもに対しては、安定感の高い環境を構成するようにします。子どもが情緒的に十分に満足し安定している状況では、適度な変化は好ましく、とくに年長児は挑戦的な課題があることで発達が促進されます。

（3）安全な環境と挑戦ができる環境のバランス

　保育者は、子どもたちの安全を守りケガをしないように配慮しています。しかし、絶対にケガをする危険がない完全に安全な環境は、幼児の発達にとっては適切な環境とは言えません。

　子どもがケガをしないことを目的として作られた安全な空間では、子どもは危険を察知し、自分の身を守る器用さを獲得することができません。たとえば、段差が全くない平面の保育室や、ぶつかっても痛くないように作られた空間では、どんな体の動かし方をしても痛い思いをする機会がないため、子どもは自分の体をコントロールし慎重に体を動かすことを学習できません。

　幼児は小さなケガを繰り返しながら身を守る行動を獲得します。すべての危険を排することは、かえって子ども自身が身を守る能力を獲得することを妨げます。しかし大きなケガは絶対に防がなくてはなりません。たとえば1歳児の保育室内には、転落しても大きなケガをする危険のない段差や斜面を準備しますが、転落すると大ケガになるような遊具は置きません。

挑戦できる環境は同時に危険も伴う　川和保育園

　子どもの発達には、挑戦が必要です。子どもが全力を出して挑戦できる環境は、同時にケガの危険性が高まる環境でもあります。たとえば、高いところに登ることに挑戦すれば、落ちる危険性も高まります。

　保育者の子どもの安全を守りたいという願いと、子どもが自分で身を守る力を育てたい、子どもの挑戦する姿勢を育てたいという願いとは、しばしば矛盾します。保育者は子どもの発達に必要な経験を保障しながら、後遺症が残るような大きなケガが起きないように環境を構成します。また、保護者には、子どもの育ちにとっての挑戦や失敗の意味と、小さなケガをすることの意義を事前に説明し、保護者の理解を得ておくようにします。

（4）清潔な環境と抵抗力を獲得する環境のバランス

　子どもが清潔習慣を獲得できるようにすることと、抵抗力のある健康な体を獲得することは、矛盾を含んでいます。保育者は子どもの健康保持のために、常に子どもの健康に気を配ります。保育室やトイレを清潔に保ち、子どもが清潔な環境を気持ち良いと感じるようにします。しかし、清潔が過ぎて子どもの体内に消毒薬や抗菌剤が過剰に入るような状態も、望ましくありません。

　乳幼児が健康に育つためには清潔な環境が基本ですが、過剰な清潔習慣や薬の使用には、専門家からは免疫獲得上の批判があることを知っておくことも大切です。

　免疫を獲得するためには、雑菌や病原菌が必要であり、無菌の環境では、子どもは免疫機能を獲得できません。子どもは感染を経て免疫を獲得していくため、全く誰も発熱しない、誰も病気にならない無菌の環境は、子どもの育ちにとって適切な環境ではありません。子どもの周囲を消毒し尽くして無菌状態にすることは、子どもが病気に強い健康な身体を獲得することを妨げます。子どもの皮膚や腸内には元々さまざまな菌が存在し、それらが子どもを感染症から守っています。そのため乳児が抗菌剤や消毒薬の残った玩具等をなめることがないように留意します。

　集団生活では、感染症の予防も重要です。感染予防のためには、保育室の空気を換気します。吐しゃ物や排泄物などには病原菌が含まれていることがあるため適切な処置も欠かせません。また、保育者は、子どもがトイレに入った後や食事の前に手を洗う、部屋を掃除するといった清潔の習慣を獲得できるように指導を行います。

　子どもたちはこれからも、病気やケガとつきあいながら生きていかなくてはなりません。保育者は、病気に絶対にかからない完璧な人間を育てる必要性はありません。病気を防止する健康習慣を育てるとともに、かかった病気や起きてしまったケガとうまくつきあうことができる、ほどよさを育てるように心がけます。

（5）秩序と混沌のバランス

　乳幼児は、一日中手を使って物を扱い、身体を動かすことを欲します。そのため保育室の棚に並べられた玩具は、子どもたちによってすべて引き出され、机やイスは動き、いつも散らかった状態になりがちです。もし保育者が片付ける行動のモデルを見せ、子どもたちに片付けることを教えなければ、保育室は混沌とした空間になります。

　大人の都合を優先してしまうと、子どもの手の届くところには玩具や絵本を置かず、保育者が玩具を出し入れするだけになります。しかし、それでは子どもの心身の発達を促すことができません。反対に、子どもは散らかすのが仕事だからと、いつも散らかった状態を容認していると、子どもは、整理をする、掃除をするといった生活に必要な

学習をすることができません。園では適度な混沌を許容し、適度な秩序を保つようにします。

　自然の環境は、適度な秩序感が保たれ、お互いに調和した姿をしています。しかし人工的な空間では秩序感が高すぎる、または低すぎる極端な環境になりがちです。秩序がありすぎる空間も、秩序がなさすぎる空間も、どちらも居心地が悪い空間です。

　適度な秩序感のある環境は、リズムや調和を感じられる環境と言えます。保育者の顔に表情があるように、空間もさまざまな雰囲気を醸し出しています。保育者は、保育室の空間、園庭の空間がどのような表情をして子どもたちを取り囲んでいるのかを意識しながら環境を作ります。

（6）空間の構造化と自由度のバランス

　良い環境とは「遊びが誘発されるような環境」や「自分からやってみたくなるような環境」と言われます。しかし、遊びを誘発するための環境を作り込みすぎると、「環境が子どもを遊んでくれる」状態になります。たとえば遊具だらけの園庭や、三輪車が並べられて道路の線が引かれた園庭では子どもの遊びは限られてしまいます。

　また保育室内に、絵本や玩具などがたくさん並べられていれば、子どもたちはそれで遊びます。反対に、何もないグラウンドのような園庭や保育室では、低年齢の子どもは保育者がずっと遊んであげる状態になります。また何もない空間では、保育者の力量差によって、子どもの経験に大きな差異が生じます。

　保育者の経験が浅い、またはクラス集団が大きい、保育者に対して子どもの人数が多い等、保育条件が悪い場合には、保育室と園庭に数多くの遊びの素材と道具を置くことで、子どもの経験を助けることができます。そして、保育者の力量の高まりとともに、空間から不必要な素材を減らしていくとよいでしょう。

　また、子どもが園に不慣れで不安定な時期には、遊び方のわかりやすい玩具が子どもの安定を助けます。たとえば、形が遊びを誘導しているパズルのような操作遊びの玩具は、情緒が不安定であっても遊べます。また図鑑や絵本は自分で遊びを作り出すことが

自然物には適度な秩序感があり、互いに調和し合っている

園庭も室内も環境をどの程度構造化するか、そのバランスが難しい　ながかみ保育園

できない子どもでもながめることができます。

　自分のイメージで遊びを展開することが難しい2歳頃までの子どもも、環境をある程度構造化するようにします。また3歳以上児で自分の遊びのイメージをもてない子どもがいる場合にも同様です。今日はこんな遊びをしよう、これをやりたいという子どもの意志の育ちとともに、子ども自身が自ら発想し遊びを工夫できるように、遊びを規定する環境の構造を減らし、子ども自身の表現を促すための素材と道具を中心としていきます。

　このように、保育には正解がないため、集団保育では、現実に合わせてほどよさやよい加減を探す程度が好ましいといえます。保育者は、正解や完璧な保育を目指す必要はありません。「ちょうどいいがちょうど良い」のです。

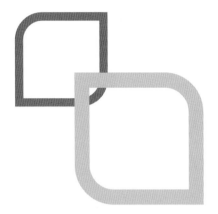

第2部　実践編

第1章

遊びと環境構成

1 乳幼児期の遊びの意義

（1）なぜ乳幼児期には「遊び」なのか

　小学校以降の教育は、授業が中心のため環境構成は重視されません。しかし乳幼児期は、自発的な活動としての遊びを中心とするため、保育者は意図的に環境を構成します。子どもは遊びによって生涯にわたる「生きる力」の基礎を獲得します。

　机に座り保育者の指示に従う活動よりも、自発的な遊びが優れている点として、以下の5点を挙げることができます。

①五感と身体を使う

　遊びでは、身体を動かし五感をフルに使います。

　子どもは、身体を使った遊びによってなめらかに動く身体を獲得します。動くことを面倒がらない心性と体力も、体を動かす遊びのなかで獲得します。運動能力の調査では、教室形式で運動する園よりも自由な遊びを中心とする園の方が、運動の質と量が高いことがわかっています。また子どもは、遊びでは、触覚、視覚、聴覚、嗅覚を駆使します。美しいものや自然に感動する心などの柔らかな感性を育むと同時に、汚い、危ない、臭いことを経験し、生物として自分を守る感覚を磨くことができます。

②集中し状況に応じて思考する

　遊びはおもしろく、子どもが夢中になります。鬼ごっこ等の集団遊びや挑戦的な遊びでは、強い集中力と瞬間的な判断力が求められます。

　集団遊びでは、ルールは自分たちで決定します。参加する人数や小さな子どもの参加によってルールを変えるなどの工夫をし、ルールは状況に応じて変えてよいことを

学びます。遊びには正解がありません。「タッチした」「されてない」とトラブルが起きると、周りの子どもたちはどうすればどちらも納得できるか考えます。正しい答えは何かを考える勉強と違い、遊びはどの子どももこの状況の中で何が最善かを考え、率直に自分の意見を出せる場といえます。本来、小学校以降で求められている学力は、このような状況に合わせた柔軟で創造的な思考力や表現力、問題解決能力です。

③人と関わり自己を確立する

　人間関係の能力は、直接的な人と関わる経験によって獲得します。子どもは、遊びの中で自己選択と自己決定を経験し、相手に自分の考えや意見を述べるようになります。友達と一緒に遊ぶ楽しさと葛藤を経験し、意見の違いをすり合わせることや仲直りをする方法を知ります。集団でのルールのある遊びは人数が多い方が楽しく、普段は遊ばない友達ともチームになり協力します。子どもは、遊びの中でルールの大切さ、正義感、思いやりのある態度、公正さを重んじる態度、自己の抑制など人間関係に必要な力を自然に身につけていきます。

④失敗し、立ち直りを経験する

　身体を使った人間関係が伴う遊びでは、どんな子どもも転び失敗をすることがあります。遊びは失敗してもおもしろく、もう一度やってみよう、きっと次はできるようになると挑戦します。乳幼児期は、子どものレジリエンス（回復力、弾力性、しなやかさ）能力が高く、失敗やけんかをしても何度も挑戦します。失敗を楽しく笑いながら「自分はやればできる」「自分はうまくやれる」と自己肯定感と自己への信頼を獲得できるのが遊びです。

　また、子どもは強い恐怖や悲しみを感じたとき、受け入れがたい状況を遊びとして繰り返し、負の感情を吐き出します。遊びは子どもの気持ちを癒す行為でもあります。

⑤想像し表現する

　遊びには表現が伴います。乳幼児期には、友達との遊びの中で、想像力を発揮します。ごっこ遊びでは、大人の模倣をし、社会生活の準備をします。2、3歳の頃に伸びる想像力は、その後、他者の気持ちを推し量る力や創造力、応用力、計画力へとつながっていきます。子どもは遊びの中で想像し友達とのおしゃべりを楽しみ、コミュニケーションとしての言葉を獲得していきます。また自分のもつイメージを、言葉や身体、造形、音楽などさまざまな表現方法を用いて表現できるようになります。自分の気持ちを、社会に適応する形でうまく表現できる子どもは、暴力や自己破壊行為を使う必要がありません。

（2）乳幼児にとって遊びとは何か

　大人にとっての遊びと、乳幼児にとっての遊びは意味が異なります。

　能力を獲得してしまった大人にとっての遊びは、気晴らしや趣味であったりしますが、乳幼児にとっての遊びは、学習そのものです。

　生まれたばかりの赤ちゃんは、自分の周りの環境を理解していません。子どもはこの世界で生きていくために、人・物・自然など、自分を取り巻く環境に対して、自分から働きかけて刺激を生み出します。

　乳幼児期は、環境との相互作用によって、環境の性質を理解し、環境に合わせて様々な能力（運動能力、手指の操作、コミュニケーション能力等）を獲得していく時期です。

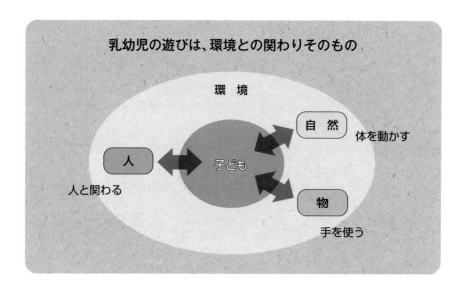

　子どもは、自分の発達に必要な行動を遊びとして繰り返し、能力を着実に獲得します。たとえば、歩く能力を獲得しようとする子どもにとっては、歩くこと自体が遊びです。子どもは歩く能力を獲得する時期になると自発的に何度もヨチヨチと歩くことを繰り返します。その時期の子どもは、歩くことに専心し、歩くことに喜びを見出します。斜面や凹凸のある場所、ふわふわしたマットの上など、その場所の性質に合わせて歩く能力を向上させていきます。そして歩く能力をしっかりと獲得してしまうと、その子どもにとって歩くことは遊びではなくなり、手段の一つとなります。

　　右ページの写真は、小さな段差を何度も行き来をしている子どもの姿です。小さな段差を越えるという新しい能力を獲得しようとしている子どもにとって段差を渡ることは、挑戦的でとても楽しい遊びです。しかし大人は、段差を渡る能力を獲得しているため、段差を行き来して遊ぶ人はいません。

　乳幼児期の子どもにとっての遊びは、子どもがさまざまな能力を獲得するために欠

繰り返し段差を乗り越える。
この子どもにとって段差を越えることが挑戦的な遊び

かすことができない学習経験なのです。

　フレーベルは言います。「力いっぱいに、また自発的に、黙々と、忍耐づよく、身体が疲れきるまで根気よく遊ぶ子どもは、また必ずや逞しい、寡黙な、忍耐づよい、他人の幸福と自分の幸福のために、献身的に尽くすような人間になるであろう」[1]。

（3）遊びをとらえる保育者のまなざし

　赤ちゃんが自分の手を真剣にながめてなめて探究しているときに、「手なんかなめないの」と大人に止められてしまうことがあります。パズルやままごとのように名前がつく遊びは、発達の専門知識がなくても遊んでいると分かります。しかし、手をなめる0歳児や、高いところに登ろうとする1歳児を遊んでいると捉えるためには、遊びの理解と発達の知識が必要です。

　乳幼児期の子どもは、環境と関わること自体が遊びであり、子どもは生まれながらの環境の探究者です。保育者は、子どもが探求できる環境をつくり、子どもの探求を見守り、応答的に関わります。

　保育者の役割は「子どもを遊ばせること」や「子どもを楽しませること」ではありません。喜びや楽しみをつくり出すのは子ども自身です。保育者は、子どもが遊びをつくりだし、喜びを生みだせるように援助することが仕事です。保育者は、子ども自身の経験と充足感を大切にして環境を考えます。

(1)　フレーベル「人間の教育」岩波書店、1964

2 子どもの遊びと環境構成

（1）活動欲求の充足と挑戦

　遊びの環境では、子どもが十分に活動欲求を充足できる、挑戦し探究できる環境をつくります。

　モンテッソーリは、「いつも目や耳や手足を使いたいという子どもの熱望、環境を細部にわたってマスターし、まわりのものに心を向け、事物から直接知識を集めることへの子どもの努力」に大人は気づかず無視していると指摘をします[1]。そして、肉体的な飢餓にある子どもが怒りっぽいように、心と精神を働かせたいといった精神的な飢餓にある子どもも同じ状態になるといいます。逆に子どもは自己活動を十分に満足できたときに、秩序と安定感が生じると説明しています。

狭い空間で運動欲求を充足するために牛乳パックで作った重い積木を置く　城南区子どもプラザ

2歳以降の運動欲求を充足するには、ホールや園庭での活動が欠かせない　新宿せいがこども園

　活動欲求を充足するためには、保育室と園庭の環境は、十分な運動量が確保できるように考慮します。0、1歳は、保育室内にも多様な動きを経験できるように空間を作ります。2歳以降は、保育室内だけでは運動量が確保できないため、園庭や散歩に加えて、ホールや廊下などで運動が確保できるように配慮します。

　運動は食事と同様に、子どもの基本的な欲求であり、毎日の充足が欠かせません。戸外で遊ぶ頻度が低い場合には、保育室やホールなどで、粗大な運動ができる空間と時間を多く作ります。

　また、手指操作と知的好奇心の欲求を十分に満足できるように環境を構成します。子どもは粗大な運動と同様に、手を使いたい、好奇心を満足したいという強い欲求をもっ

(1) M.モンテッソーリ「モンテッソーリの教育―子どもの発達と可能性」あすなろ書房、1980

ています。保育室も園庭もそれらを充足できるように素材や道具を揃えます。

　さまざまな活動に挑戦し、運動、手指操作、好奇心を満足させている子どもと、生活が細切れで机や壁の前で待たされている時間が多い子どもとでは、前者のほうが幸福であり情緒も安定します。

　保育者は、子どもが活動を制限されず達成感を得られるように屋内の環境を作り、そこに置く遊びの素材や道具の質を選び、年齢と人数に合わせて、適切な量を揃えるようにします。

（2）子どもの発達課題に合った環境

　保育室や園庭に準備する物は、まず、子どもの発達段階（認知・思考・手指操作・身体運動・人間関係能力・表現等）に合わせて選択します。

　保育者は、子どもの行動を見て、その発達課題を把握し、それに合わせて遊びの素材や道具、絵本等を選択します。適切な素材や道具を選択するには、①個々の子どもの行動をよく観察して把握すること、②発達の道筋を理解していること、③素材の種類と性質を理解していることの3点が必要です。

　たとえば、1歳頃には手にした物をあちこちに放り投げる行動が見られます。子どもが物を投げる行為は、子どもが腕の大きな動きを欲しているからであり、腕や脚の粗大な運動機能が発達する敏感期であると捉えることができます。そうすると、腕や脚を大きく動かすことが十分にできる環境が必要であるということがわかります。

　この時期の子どもには、つかみやすい布のボールなど投げるものを準備す

腕や脚を大きく動かすことを欲している子どもの姿

ることや、大きな布など振り回して遊ぶものを用意すること、少し重さのある物を押したり引いたりできるようにしたり、段ボール箱を用意する、段差のある場をつくる、坂など大きく手足を動かせる場所に連れて行くなどの環境構成が考えられます。

　子どもは十分に腕を使って腕を動かす機能を獲得してしまうと、無駄に腕を動かさなくなります。

　保育者は、子どもの動きや遊びを把握し、その子どもが今求めている活動を満足するまで繰り返すことができる環境と、大人や年上の子どものモデルを見、手助けを得ることで達成できる環境を準備します。

（3）集団の人数と編成に合わせた環境

　集団保育では、保育室・廊下・ホール・遊戯室・園庭・園外をふまえて、クラス内に置くものを選択します。集団の保育では、子どもたちの人数と発達段階を考えて、遊びの素材と道具を揃えます。

　1・2歳児クラスで種類の異なる人形を揃えていれば、取り合いが多く発生し、遊びの中断ばかりになります。並行遊びの時期には同じ人形がいくつもあることで、他の子どもと一緒の遊びを楽しめます。12人のクラスで人形が1体しかなければ、同じくトラブルが多く発生します。

　集団で遊ぶ場と一人で遊ぶ場の割合は、発達段階によって異なります。1歳児クラスでは一人遊び、並行遊びを中心にして構成します。2歳、3歳になり友達との活動が増えてくるとその集団の大きさに合わせて集団で遊ぶ場を広げていきます。4歳児、5歳児では集団での活動をする時間も増えるため、柔軟に空間を構成します。

（4）子どもの発達と遊びの変化

　子どもの遊びは、子どもたちの発達に伴い変化していきます。はじめは混沌として無目的であった遊びが、次第に分化し、意図と名前のある遊びへと変化していきます。

　たとえば物を操作する遊びは、乳児期から目的をもって行うわけではありません。赤ちゃんの頃は見たりなめたりする練習遊びですが、次第に目的をもった遊びへ変化します。1歳頃には、置く、落とし込むのような単純な行動が繰り返されますが、次第にねじる、はさむ、折るなど操作の幅が広がり、年長児になると、編み物やあやとりなどの高度な操作遊びに変化していきます。操作の遊びは、想像力の芽生えとともに、構造遊び（構成遊びとも呼ばれます）にも変化します。積木を並べていただけの子どもが、そのうち作ったものに「自動車」と命名し、駐車場を作ろうと自分のイメージを形にしようとします。また描画や造形などの表現活動にも分化していきます。

　運動の遊びも、はじめは手足をバラバラに動かしていた赤ちゃんが、次第にリズムをもって身体を動かせるようになり、ブランコに乗る、スキップをするなど、手と足を協応させる遊びを行うようになります。人間関係の広がりとルールの獲得に伴って鬼ごっこなどの集団遊びができるようになります。

　人と関わりをもつ遊びの場合は、最初はあやされて応えるだけだった赤ちゃんが、次第に人の模倣を行うようになり、延滞模倣として一人で見立てやつもり遊びを始めます。人と関わる力がついてくると、一人でのつもり遊びが、友達とイメージをすりあわせるごっこ遊びへと変化します。子ども自身の経験の広がりとともに、病院ごっこ、お店屋さんごっこなどが始まり、絵本の世界を遊びや劇に展開するようにもなります。

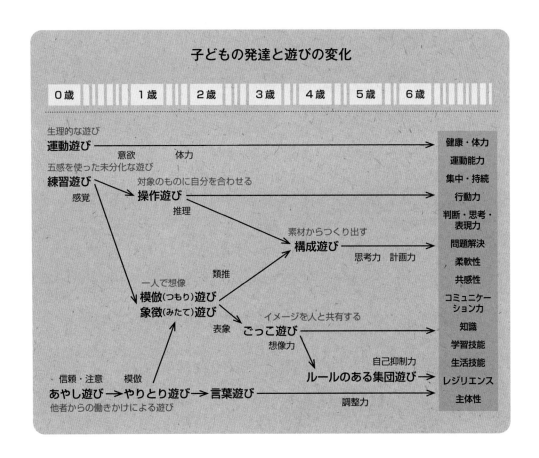

（5）遊びの変化と物の量と質

　子どもに提供する遊びの素材と道具は、その子どもの行動を見て、その子どもが十分にその行為ができるように提供します。たとえば、なめたり投げたり倒したりする時期には、それらの行為にふさわしい物を提供し、置く、並べるなどの行動が見られる時期には、その行為に合わせた物を準備します。

　また、遊びの発展や展開に応じて、その種類や量は変化させます。

　たとえば、積木を壊す、積み重ねる操作の遊びとして用いているときには、それほど量は必要ありません。そのうちこのようなものを作ろうとイメージがわいてくるようになると、一人で使う積木の量が増えます。友達と話し合いながら一緒に作るようになると、積木の量はもっと必要になります。年長児になると、よりそれらしく作りたいという完成度への欲求が高まります。そこでは積木以外の素材、たとえば布、紙、ビーズ、おはじきなどを積み木遊びに加えて用います。

　このように子どもの遊びの姿から素材を考えたとき、1歳、3歳、5歳児クラスの物は異なります。また4月と10月に置かれる物も異なります。

3 遊びの素材と道具の理解

（1）発達に合うものと合わないもの

　乳幼児期の遊びでは、その多くが遊びの素材と道具を必要とします。

　ブロックとままごと用品は誰もが知る「玩具」ですが、子どもは、玩具以外の遊びの素材と道具を必要としています。

　子どもが遊びに使う素材には、砂や草花等の自然物、乳幼児向けの玩具、紙などの人工的な素材、廃材等があります。素材に働きかける道具には、玩具、生活用品、用具・工具等があります。子どもは発達に合うものと出会ったとき、長い時間集中し達成感と満足感を得ることができます。保育者はプロとして発達に合った遊びの素材と道具を数多く知ることが必要です。

　発達に合うものを選ぶ際には、とくに①子どもの体の大きさ、②運動機能、③手指操作、④認識の段階を把握します。

手の発達に合わせて遊びの素材と道具を入れ替えていく
日野の森こども園

ぬいぐるみのねこを背負って外遊びをする子ども。人形は大きさによって抱きやすさ、世話のしやすさが変わる
ときわ保育園

　まず①の体の大きさに合っているかをよく考えます。赤ちゃんの手の大きさは子どもによって違うため、ガラガラはその子どもの手の大きさに合わせます。人形を選ぶときには、子どもの体の大きさに合う人形を選びます。保育用品には、大きすぎる人形や小さすぎる人形が多いため注意が必要です。

　②の運動機能では、たとえば1歳児は肩から腕を大きく動かす粗大な動きが多い時期です。そこに市販の小さなままごと用品を出せば、子どもは小さなお皿にうまく物を出し入れすることができないため、机の上から落とし投げます。しかし大きな鍋やボウルがあれば、子どもは出し入れを繰り返し達成感が得られます。

　③の手指操作では、たとえば適切な描画用品は手の発達によって違います。細かな描画を好む5歳児には細いサインペンは適切な道具ですが、まだ手指

をコントロールできない1歳児が使うとペン先をつぶし、紙を破きます。

④の認識では、たとえば「砂」は最も多く遊びに使われる素材ですが、何でも口に入れてしまう赤ちゃんには水の方が適しています。

発達に合わせた素材と道具は、第2部 第3章で詳細を説明します⁽¹⁾。

（2）子どもを遊んでくれるものと　　子ども自身が遊びをつくり出すもの

子どもが遊びを作り出すことができる環境には、①主体性が発揮できる環境、②応答性が高い環境、③多様性が高い環境、④見立てやすい素材とそれに働きかける道具がある環境があります。

水や砂、土、泥、草などの自然物は、これらをすべて備えています。そのため子どもは水や砂では飽きることなく遊び続けます。屋内の玩具を準備する際にも、この4つを念頭におくと、子どもが遊び込む環境をつくることができます。

保育者の仕事は、子どもを受け身にして、楽しませたり喜ばせることではありません。保育者は子どもたちがそれぞれの人生の主役として、自分なりに考え、自分で楽しみや喜びを作り出せるように援助します。そのため、保育で子どもに準備するものは、子どもを喜ばせるためのおもちゃではなく、子ども自身が考え、試行錯誤をして、遊びを生み出すことができる遊びの「素材」や「道具」となります。

市販の玩具や、保育用玩具には、「子どもを遊んでくれる玩具」と「子どもが遊びを作りだせる素材」が混在しています。新奇な形や色で子どもを引き付け、一方的に音を出して動く玩具は、一時的に子どもを静かにさせ喜ばせま

遊びを指示していない玩具の例　形と素材が石ころなどの自然物に近い。子ども自身が想像をつけ加えることで遊びが生まれる

遊びを指示する玩具の例　パズルは形によってつまむ、入れるという遊びを指示しているため、自分で遊びをつくり出せない子どもでも遊びやすい

(1) 本書では玩具名を明示していないが、瀧薫『新版 保育とおもちゃ─発達の道すじにそったおもちゃの選び方』エイデル研究所、2018 には、発達に合わせて詳細に玩具名が明記されている。

すが、子ども自身が遊びをつくり出すことができないために、すぐに飽きてしまいます。

　保育者が玩具を準備する際には、できるだけ子どもが遊びをつくり出すことができる素材と道具を選ぶようにします。砂や紙、木切れのような素材や、積木や人形などの玩具は、形が遊びを指示していないため、子ども自身がイメージをもって遊びを作り出して遊ぶことができます。

　1歳半以前のまだ想像力を使って遊ばない時期の子どもや、想像して遊ぶことが難しい子どもには、形をあてはめるパズルや穴に玉を落とすような、形が遊び方を指示している操作遊びの玩具も適しています。

　また、入園して間もない時期や、一時的な保育の場合、子どもは不安なため、自分で工夫し想像して遊ぶことができません。子どもを遊んでくれるタイプの玩具は、一時的な保育や相談室の玩具として使うことができます。

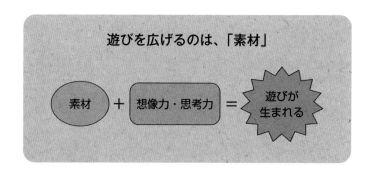

（3）応答性が高いものと低いもの

　初めて環境と関わる乳幼児に準備したい遊びの素材は、応答性の高い素材です。応答性が高い素材とは、子どもが行った行為に合わせて、適切な反応を返してくれる素材を指します。

　水は、最も応答性が高い素材です。子どもがそっとさわると、「ピチャ」と小さな音がして小さな水紋が広がります。子どもが力いっぱい水をたたくと、水は「バシャッ」と子どもにしぶきを返します。砂・土・水・草など自然の素材は、どれも非常に応答性が高い素材です。

　子どもの行為に対して適切な反応を返してもらうことで、子どもは自分の行動と環境との因果関係を体験的に理解します。子どもは環境から応答されることによって効力感を感じます。水たまりをバシャバシャとしぶきをあげて歩く幼児は、環境に働きかけ、反応を返してもらうことのおもしろさを感じているのです。

　また自然の素材は一つひとつ異なります。草をちぎるとき、子どもはその草の生え方によって、草の握り方や力の入れ具合をコントロールしないとうまくちぎることが

水は子どもの働きかけに応じて、音をたてしぶきをあげる

人工物でも、水や砂のように自在に変化する素材がある

できません。草によっては手を切ってしまうこともあります。自然は多様性が高く、子どもはこのような環境と関わることで環境の性質を知るとともに自らを環境に合わせてコントロールする能力を獲得しています。

　応答性が高い自然物に対して、人工物とくに玩具の応答性は、その玩具によって異なります。たとえば積木は、子どもが自らをコントロールしないとすぐに崩れてしまいます。しかし、はめ込み式のプラスチックのブロックは、力を調整しなくてもはめることができ、子どもが乱暴に扱っても壊れません。

　玩具を選ぶ時は、応答性が極めて低く、子どもに一方的に刺激を与えるものは避けるようにします。たとえば、乳児のベッドに取り付ける電子玩具や一方的に回り続けるベッドメリーなどは不適切です。電気で動く複雑な仕組みの玩具も保育で使用する必要性はありません。保育室に置く遊びの素材や道具は、応答性が高く、因果関係がわかりやすいものを選びます。

　自然から作られた紙や箱、段ボール、紐等は、応答性が高い素材です。しかし、幼児は一人ひとりが素材の量をたっぷりと使うため、常時、段ボールや空き箱等を大量に集めて準備しておくことが難しい場合があります。また、作りかけの作品を継続的に置いておく場が準備できない園もあります。そのため人数が多い集団保育では、積木や粘土のように、応答性が高く、繰り返し使用できることができる可塑性（かそせい）の高い素材が多く用いられています。

おやつのとうもろこしの皮をむいて、ひげの感触を楽しんでいる子ども。野菜は応答性が高い素材の一つ
まちの保育園六本木

（４）想像しやすいものと想像しにくいもの

　子どもの遊びは未分化な練習遊びから始まります。はじめは物をさわり動かし、入れたり出したり、物の操作をすること自体が遊びです。次第に大人の真似をすること

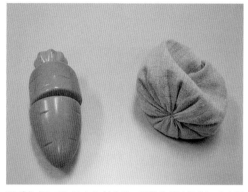

形が完成しているもの（左）は、想像を付け加えにくく見立てにくい。お手玉（右）は色や形が自然なため、子どもの想像によってニンジンにもおにぎりにもスポンジにも石鹸にも変化する

砂、土、草、花、木の実、石など、自然物は見立てやすい素材の代表。園の砂場でどんな遊びができるか知るために、保育者が一度本気で遊んでみることも大事　慈絋保育園

子どもが見立てやすい色や形を考えて、保育者がフェルトや布で手作りする　愛恵保育園

が遊びになります。２歳前後からお手玉などを食材に見立てて料理をつくる真似をしたり、食べる真似をするようになります。２歳から３歳頃の時期は、操作の遊びと見立て遊びやつもり遊びが交じり合うようになります。そして次第に遊びに本物らしさを求めるようになります。

　子どもの想像力が伸びる１歳後半〜４歳頃の時期には、子どもが見立てやすい色や、単純な形のものが遊びの材料として適しています。砂や葉、花びらなどはさまざまなものに見立てられますが、これは色や形が素朴であり、葉はちぎるとさまざまな形に変えることができるからです。園庭には砂や草などの見立てやすい素材を準備するようにします。

　屋内で、遊びの素材を揃えるときにも、自然物のように色や形が単純で見立てやすいものを準備するとよいでしょう。木片・木の実・布・紙・箱・毛糸などの素材は、子どもがイメージを付け加えやすい素材です。市販の玩具を選ぶ際にも、自然物のように子どもが想像を付け加えやすいシンプルな品を選択します。

　子どもが想像力を付け加えにくいものには、人工的な色や柄、文字やイラストがついている玩具があります。また物の形が完成された玩具も子どもが

想像力を付け加えることが難しくなります。たとえばシンプルなお手玉は、子どもの想像によってジャガイモにもニンジンにもおにぎりにも見立てることができますが、ニンジンの形をしたプラスチック製や木製の玩具は、ニンジン以外に見立てることは難しいものです。

積木、布、紙、ビーズなどシンプルな素材は子どもの表現を助ける　かほるこども園

　人形も同様です。テレビ番組等のキャラクターの場合、映像の印象が強いため子どもたちは同じ声、同じ行動を思い浮かべ、想像を付け加える余地がありません。人形は、キャラクターが決まっていないものを選び、子どもがその人形の声や動きなど想像を付け加えやすいようにします。また、子どもが想像力を発揮するためには、人形は子どもが世話遊びに使いやすい大きさを選びます。安定感のある小さな木製動物やボトル人形があれば、子どもは自分で物語を作って人形同士で会話することができます。

　このように、想像力が伸びる時期の子どもの環境には、想像力を育むものを選択して準備するようにします。

（5）素材に働きかける道具の有無

　乳幼児期は、手の発達が著しい時期です。子どもは手を使う経験を繰り返すことによって、なめらかに動く手指を獲得します。手指は、生活習慣の自立にも、道具の取り扱いにも、学童期以降の学習にも、描画や楽器の演奏にも使います。

　赤ちゃんには、仰向けで遊ぶ時期からガラガラ等をもたせます。1歳以降の遊びでは、とくに素材に働きかけるための道具を準備します。初めは、道具をただもち歩く行動が多く見られますが、他の子どもや大人が使う姿を見ることによって、その道具の目的に沿った使い方をするようになります。物を操作するためには、物を注視できること、目と手の協応ができること、肩を支点にして腕を動かすことが必要です。

なべやフライパン、ペットボトル、ケーキ型などを使って遊んでいる子ども。園庭の砂遊びでも、素材に働きかける道具の種類によって子どもの遊びは変化する　慈絋保育園

トングや、魚焼き網、ボール、しゃもじ立てなどさまざまなキッチン用品が揃うごっこ遊びのコーナー　泉の台幼稚舎

本物の生活用品が並べられた保育室の棚　エミールこども園

おやつの配膳でミルクピッチャー、トングなどの道具を使う1歳児　エミールこども園

腕を大きく振り回しながら道具を使っている子どもは、次第に肘、手首を支点として手指を動かすことができるようになります。このような腕や手指の発達に伴って使用できる道具は変わります。

水や土・砂に対しても、「手」だけでも働きかけることは可能ですが、それらに働きかけるための道具も幼児期には準備したいものです。スコップ・バケツ・ザル等によって子どもの遊びは広がります。また大・小のバケツを準備することにより量や重さの違いを体験できます。

家庭のごっこ遊びでも、お皿とコップがあるだけでは料理を作ることができません。フライパンやフライ返し、あわ立て器などの「道具」と、お手玉等の「素材」が揃うことによって料理を作るという遊びが成立します。

モンテッソーリ教育では道具の使用自体を「お仕事」と呼び、体系的に本物の生活用品を準備します。掃除やアイロンかけも、ごっこ遊びで経験するのではなく本物を使う練習をします。新しい道具の使用自体が、子どもにとっては大変に魅力的な活動です。

遊びの場面で道具を使用するだけではなく、生活の場面で食事を準備する際にトングやレードル、しゃもじ等の道具を使用することや、雑巾やバケツ、ほうきを使って片づけを行う経験によって、道具の使用は、次第に上達していきます。子どもが道具の使用に慣れるためには使いやすい大きさ・素材の生活用品を選択することがポイントです。

（6）多様性を確保する

　自然の空間は、多様性が高く、遊びの素材が満ちあふれているため、保育者が意図的に環境を構成しなくても、子どもたちはそれぞれが自分に合った遊びを発見できます。しかし、保育室内や園庭といった人工的な空間ではそうはいきません。森と同じ豊かさを再現するには、保育者が多様な遊びの素材と道具を準備することが必要になります。

　子どもたちの興味・関心は、一人ひとり異なります。その子どもたちが将来就く職業もさまざまです。将来、数学者や設計者になる子どももいることでしょう。それぞれが得意とする活動も異なります。絵や造形、運動、音楽、ことば、自然に関すること、人と接すること、数学的なこと、暗記に関することなどさまざまです。もしも、保育室にブロックとままごと用品しか準備されていなければ、子どもたちは、多様な個性を十分に発揮することができません。また、保育者が自分の好みに合わせて環境を選択すると、保育者とは興味が異なる子どもは、環境に関心をもてません。

　子どもは、一人ひとりが、かけがえのない存在であり、それぞれが異なる人生を生きていきます。そのため、保育者は、子どもたちがそれぞれの関心や能力を発揮し、その幅を広げることができるように、多様な環境を準備するようにします。

多様性が高い自然環境の中では、子どもがそれぞれに自分の発達課題や関心に合った場を見つけ出すことができる　森のようちえんピッコロ

4 遊びのイメージを生み出す文化の理解

（1）絵本・うた・体操等の選択

　絵本やうた等の子どもの文化は、保育者が選択し、子どもたちに提供します。保育者はうたや絵本を選択する際には、子どもたちがそのイメージを頭の中で繰り返し、遊びとして展開し、言葉や行動として学習することを想定します。たとえば、絵本の場合には、この絵本を繰り返し聞くことでどんな遊びが生まれるか、どんな言葉を覚えて繰り返し言うようになるか、子どもたち同士にどのような関わりが生まれるかなど、その絵本の提供によって生まれる子どもの行動を想像して選択します。

　園で提供する絵本や紙芝居、うた、体操などの文化の選択基準は、遊びの素材や道具の選択基準と同様に保育の方法原理に従います（p.22 参照）。

　第一に発達の原理です。子どもの発達段階に合わせて選択します。絵本であれば長さ、ストーリー・絵などの内容を選択し、うたの場合は音域、言葉、長さ、複雑性などによって選択します。体操であれば子どもの身体発達と認知に合わせます。子どもにとって容易にできる動きと複雑な動きを理解し、今子どもができる運動よりも少し難しく練習を行うことで獲得できる動きを選択します。子どもにとって難しすぎたり簡単すぎたりする教材や活動では、子どもは達成感を得られません。

　第二に個性化の原理です。個々の子どもの興味・関心をふまえて絵本やうた等を選択します。かわいらしい振り付けのお遊戯を選べば、力強い動きを好む子どもはふざけます。保育者の興味や関心で絵本を選ぶと、保育者の感覚と合わない子どもは絵本に興味をもてません。それぞれの子どもの興味や関心は異なりますので、集団のバランスを図りながら準備するようにします。

　第三に経験の原理です。幼児期には身体感覚の伴う実体験が重要です。子どもは、絵本の世界を遊びとして広げます。また絵本は生活体験を広げるきっかけにもなります。料理の絵本や自然の不思議を解説した絵本を読めば、子どもは試したくなります。実体験を豊かにすることを選択基準の一つにできます。

　第四に主体性の原理です。乳児をのぞき、絵本は子どもの手の届く位置に置き、子どもがお話を聞いた後に何度もそのイメージを繰り返すことができるようにします。パネルシアターやペープサート、手袋人形等は、子どもが模

保育者の絵本の選択には専門知識に基づく意図がある
川和保育園

倣しやすい言葉や曲を選択し、子ども自身が繰り返し遊ぶことができるものを選択します。保育者がそれらを見せた後には保育室へ置いて、子どもがその模倣をして何度も繰り返し遊べるようにします。子どもを一方的に喜ばせるためのイベントであれば、時間をかけて準備を行う意味がありません。

第五に社会化の原理です。子どもに提供する文化は、子どもの人格形成に影響を与えます。善悪の理解は幼児期の発達課題です。絵本やうた等の内容は、吟味するようにします。

（2）子どもの人格形成と文化の選択

子どもは人格形成の途上にあり、おかれた環境によって善悪を学びさまざまな行動を獲得します。

とくに幼児期は善悪を学習することが発達課題です。子どもは、幼児期にテレビや親の行動を取り入れることによって人をバカにし、失敗を笑う行動を獲得してしまう場合があります。人をいじめる、バカにする、無視をするといった行動は「モラル・ハラスメント」と呼ばれます。これらは学童期以降に問題になる行動ですが、その行動の芽は、乳幼児期に育っています。

本来幼児は真面目で真剣です。年長児は不正を憎み、約束やルールを破ることを嫌う発達段階にあります。しかし幼児向けの絵本やうた、体操や手遊びにも「受け」を狙うものが増えています。保育者が、大人の感覚で絵本を選び、大人向けのブラックユーモアを提供すると、子どもは何が良い行動であり何が望ましくない行動であるのかを理解できません。

保育者が提供する文化は、日常的な遊びのイメージにつながり、子どもはその物語のイメージを何度も遊びの中で繰り返します。保育者は、子どもの人格形成への影響を考えて、文化を選択する努力を続けたいものです。

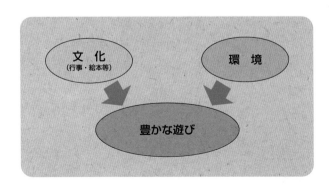

（3）テレビ番組や商業キャラクターの幼児教育での取り扱い

　子ども向けの映像番組は、子どもに強い印象を与え、子どもたちが大好きなものの一つです。しかし子どもが好きだからと言ってお菓子やジュースばかりを与えないように、子どもが好きかどうかは、必ずしも絵本やうたなどの文化を選ぶ基準にはなりません。テレビ番組のうたや絵本は、子どもを喜ばせたり引き付けることができますが、保育の目的は子どもを喜ばせたり子どもに好かれることではありません。

　テレビの文化は、保育者でなくても知っており、誰でも子どもに提供できます。保育者の専門性は、テレビ以外の子どもの文化を知り、営利を目的とした商業文化とは異なる文化を提供できることといえます。

　また「自分が好きだから」、「自分も戦いごっこを子どもの頃によくやったから」のように、保育者自身の経験や価値観も選択の根拠にすべきではありません。保育者は、自分とは異なる他者を対象に保育を行っています。保育者は、かけがえのない子どもたちを預かり、その教育を担う者として、専門知識に基づいて文化を選択します。

　日本では、学童期以降のいじめ、差別と暴力、DV（ドメスティックバイオレンス）と虐待の増加が問題になっています。幼児期は、善悪の学習が発達課題の一つであり、いじめや暴力の芽は幼児期に育ちます。子どもはテレビ番組を含めた大人が提供する文化から、行動や価値観を学習します。日本の子どもたちが見るテレビ番組では、暴力やいじめ行為はあっても、良い行動モデルを見聞きする機会があまりありません。そのため、幼児教育では、子どもたちが善悪の区別を学習できるように文化を選択し、良い行動モデルが含まれた文化を優先的に提供する必要があります。幼児教育として「パ～ンチ」するヒーローや、「愛と正義の」と言いながら相手を破壊するヒーローを用いる場合には、その根拠を説明する必要があります。

保育者はテレビよりもずっとおもしろい遊びを提供できるプロ。保育者は子どものあこがれでありモデルである　川和保育園

　映像は、絵本よりもイメージが完成され、子どもが想像する余地がありません。たとえば戦隊ヒーローものの番組を見た子どもは、その映像で見た戦いの場面を思い出して忠実に再現する遊びを繰り返します。これに対して絵本の場合には、話を聞いた子どもによって想像する声や話し方が変わります。絵本には子どもが想像する余地が残されて

いるため、子どもによって受け取り方が異なり、ごっこ遊びをするときにイメージの
すり合わせを行います。ままごとなどの日常生活のごっこ遊びも同様です。それぞれ
の子どもが経験している内容が異なるために、自分のもっているイメージを言葉で伝
え、お互いのイメージをすり合わせるために話し合いも必要になります。

　テレビ番組や商業的なキャラクターでも、保育の原理に沿い、保育に用いる根拠を
保護者に説明できるものであれば、問題はありません。反対に、発表会で芸能人の真
似をさせるなど、安易にテレビ番組を保育に取り入れることは、保護者の信頼を失う
場合がありますので、十分な注意が必要です。

5　遊びにおける空間の構成

（1）自発的な遊びを中心とするための空間づくり

　保育所・幼稚園・こども園では、自発的な遊びを中心的な活動とします。そのため
園庭も保育室も、遊びを中心とした意図的な空間づくりを行います。遊び・食事・午
睡の場は分かれていることが望ましいですが、園の条件によっては一つの部屋でそれ
らを行うこともあります。その場合でも、子どもの手の届く場に遊びの素材や道具が
置かれ、常に子どもが主体的に遊ぶことができる空間をつくります。

　保育者が主導する一斉活動が中心であったときには、保育室の壁には個人のロッカー
があり机と椅子が並ぶ、まるで小学校の教室のような保育室でした。また園庭も小学
校の運動場のようでした。環境を通した保育では、保育者は子どもの手の届く場の環
境構成を考えます。園庭の築山やそこに生えた草花が幼児教育の「教材」です。保育
者は園庭や保育室の空間に、
教育的な意図を含ませること
ができるようにします。

　保育者は園庭や保育室の空
間に、教育的な意図を含ませ
て構成します。家庭とは違い
集団が大きいため、遊びの素
材や道具の量も多く空間づく
りにも工夫が必要です。

　次に、空間づくりの配慮点
について説明していきます。

木の実を拾う、花を摘む、ごっご遊びや集団ゲーム等多様な活動を想定
し、さまざまなことを感じられるように意図された園庭　ながかみ保育園

（2）子どもの活動を想定した空間づくり

　保育者は、子どもの遊び等の活動を想定して空間を構成します。たとえば、1歳児の保育室には運動・操作・見立てやつもり遊び等の空間が必要です。1歳児は動くことや手を使う遊びが中心のため、その空間をもっとも広く作ります。2歳児以降になると動きがダイナミックになるため、運動は園庭や廊下、ホールを想定することが多いでしょう。3歳児の子どもたちには、操作・構成・ごっこ遊び等の空間が必要です。各保育室にすべての遊び場をつくる場合と、積み木部屋、ごっこ部屋のように部屋ごとにつくる場合があります。アトリエを設置する園も増えています。リズム遊びや行事など保育者が主導する活動の場は、遊戯室、廊下やテラス等を活用します。

　保育園・こども園では、子どもは、遊びに加えて食事の配膳等も行います。遊び・食事・午睡の空間は分かれていることが望ましいですが、一つの保育室で複数の機能を兼ねる園もあります。

　園庭も同様に、そこで生まれる遊びや活動を想定して空間を考えます。

　このように保育者は、子どもたちの活動を想定することによって、どこにどのような空間をつくるかを考えていきます。

かごや容器で片付けやすい雰囲気をつくる　かほるこども園

お茶会の後にはお茶会ごっこが流行する和の空間
泉の台幼稚舎

（3）活動の性質に合わせた雰囲気づくり

　空間を配置する際には、その活動の性質に合わせて考えます。

　空間は大きく分けて、流れる空間と留まる空間があります。たとえば保育室であればトイレやドア、ロッカーの前などは、子どもと保育者がいつも行き来している流れる空間です。反対に部屋の奥などは留まる空間です。流れる空間には動きのある活動的な遊び、留まる空間には静かな遊びや休息の空間を配置するようにします。動きのある遊びとは大型積み木等の大きく体を動かす遊びであり、静かな遊びには絵本や机

教室のような雰囲気の壁を、布やタペストリーで隠し畳を
敷いて、空間の雰囲気をつくる　愛恵保育園

イスの選び方や置き方で空間の雰囲気をつくる 明和ゆたか園

上で遊ぶ操作遊びなどがあります。

　空間は、家具やじゅうたん等で空間
をいくつかに区切り、雰囲気をつくり
ます。たとえば絵本の空間には柔らか
いじゅうたんを敷き小さなソファを置
きます。棚には小さな額縁などを飾る
と本を読む空間の雰囲気ができあがり
ます。積み木はじゅうたんで空間をつ
くり、片付けずに継続的に作ることが
できるようにします。

小さなじゅうたんや布によって活動の空間を作る
明和ゆたか園

　広い空間は子どもが走り回る空間ですが、そこにじゅうたんを敷くことで流れる空
間から留まる空間へと変わります。子どもが自分でもち運ぶことができる小さなじゅ
うたんがあれば、子どもが自分で必要な空間をつくることができます。

（4）遊びの変化に伴う空間の再構成

　新入園児が多く子どもが場に慣れていない時期や、環境に影響を受けやすい低年齢
の子どもの空間は、空間をじゅうたん等で分けた方が、子どもの居場所ができ安心し
て遊びをはじめて継続することができます。子どもが場に慣れ自分の遊びが生まれて
きたら、それぞれの空間をゆるやかにつなぎ、遊びが広がるように変えていきます。

　空間は、子どもの発達に合わせて再構成していきます。0歳児期には室内も園庭で
もはい回ることができる空間をつくり、1歳児期には歩き回ることができる空間づく
りを行います。2歳児以降は保育室内だけでは運動が不足するため、廊下やホール、
園庭等も使って、十分に運動の欲求が充足できる空間をつくります。

子どもの遊びの変化を見ながら、空間の広さや機能などを
変化させていく　たかくさ保育園

閉じた空間をつくり、狭い空間で混み合うとトラブルが多発します。空間は子どもの様子を見て随時広げていきます。子どもは、保育者がつくった空間を超えて遊びを広げていきます。物を移動してはいけないというルールを作ると、子どもの遊びは広がりません。子どものための環境構成です。保育者は柔軟に対応するようにします。

協同的で継続的な活動が増えると、物を置き話し合いの内容を掲示する場が必要になります。保育室、廊下やホールに空間をつくり活動が継続できるようにします。

（5）遊びを広げやすい雰囲気づくり

保育室は、子どもの遊びの空間であり、長時間過ごす生活の場です。ショッピングセンターの遊び場のように子どもを引き付けて興奮させる遊び場だと、子ども自身のイメージを広げて遊びをつくりだしにくくなります。

子どもたちは、さまざまなイメージで遊びをつくりだします。大きな面積を取る家具やリネン類はベージュ系か白色を選ぶと、どんな遊びや創作にも対応ができます。白とベージュはどの色にも調和しやすい色です。反対にじゅうたんが原色で壁の飾りが過剰であると、遊びの世界を邪魔することもあります。

保育室を、子どもの視点から写真を撮り、全体として遊びを広げやすい場になっているかを確認してみましょう。

子どもたちの荷物にはさまざまな模様と色彩があります。また子どもたちはさまざまな色と模様の服を着ています。そのため、保育室は子どもがいないときには寂しく感じる程度でかまいません。大勢の子どもが入り、物を作ることで保育室はいきいきとした空間に代わります。

生活と遊びの両方が行われる保育空間。大きな面積を占めるカーテンやじゅうたんを無地とし色彩や飾りの量を抑え、子どもの活動が映える空間　愛恵保育園

（6）広さへの考慮

　保育室内に、さまざまな遊びのスペースを置く場合には、各空間の広さに配慮を行います。遊びには集団で遊ぶ遊びと、一人または少人数で遊ぶ遊びがあります。また机といすで遊ぶ遊びと、床で遊ぶ遊び、大きな動きが伴う遊びがあります。

　たとえば大型積み木は、活発な動きが生じるため広いスペースがあるほど展開が広がります。反対に絵本や操作遊びは、一人あるいは2、3人で静かに楽しみたい遊びです。動きも小さくじっとして遊びます。もしも大型積み木の隣に絵本を置けば、みんなでワイワイと遊びたい子どもと、静かに自分の世界に入りたい子どもとが混じることになります。

　空間は、はじめは保育者が子どもになって遊んでみて作ります。そして子どもたちの実際に遊ぶ姿を見ながら空間を作り直していきます。

　保育室や園庭は、何十人もの子どもが一つの場にいるとても不自然な空間です。遊びの交じり合いや込み合いが起きやすいため、できるだけ空間づくりで防止するようにします。

机を片付けて集団での活動（わらべうた）を行う
なごみこども園

（7）家具の高さや大きさ、材質の考慮

　遊びに用いる家具の大きさや材質は子どもの活動に影響を与えます。

　遊びに用いるテーブルやキッチンセットなどの家具は、子どもの体の大きさに合わせて選択します。2歳児クラス、3、4、5歳児クラスでは家具の適切な高さが異なります。高さが合わない場合、子どもは遊びに用いることができません。イスや机、棚は、子どもの体に高さを合わせて遊びます。またイスに座って行う活動と立って行う活動では、テーブルの高さが異なります。

　テーブルの広さは、活動や遊びの内容に合わせて選択します。ごっこ遊びの空間に置くテーブルは、並行遊びの

イスと机の高さや大きさは、子どもの活動に影響を与える。机が重すぎると、幼児が自分たちで机を移動できない。高さが合わないイスには足置きを置くなどの工夫をしたい。

時期には大きめのテーブルを選び、テーブルやイスを移動して大型積み木と組み合わせて遊ぶ時期には、自分で運べる小さいものを選ぶと活用の幅が広がります。

　適切な家具の選択は、遊びの継続を助けます。造形活動では、テーブルの広さが十分にあることで、子どもが活動に専心することができます。子どもの身長に合う高さのテーブルは手や腕を動かしやすく、子どもが「うまくできる」という達成感を得られやすくなります。反対に、イスやテーブルの高さが合わないと子どもは姿勢が悪くなり、活動が継続しなくなります。イスは、床に子どもの足がつく高さが適当ですが、イスが高すぎる場合には、足置きなどを置いて調節することも行われています。

　棚は、高さと幅、棚板の幅を選択します。年少クラスや1、2歳児クラスの棚が低く幅が広い場合には、子どもは必ずその上に上ります。子どもに「上ってはダメ」と注意するよりも、上りたくなるような高さの棚を選択しないようにします。

6　園庭の環境

（1）園庭の環境構成は園長と保育者の仕事

　園庭は各クラスの共有スペースであり、木を植えることや築山の設置等は、園全体で話し合い園長が決定します。公立の場合にはその必要性を文書で説明し所管の許可を得ます。そのため園庭を改造する場合は、その根拠の説明が必要です。

　本節では、園庭を改善するときに根拠となる理論を説明します。

　園庭は、子どもの健康や安全が守られ、保育者が安心して見守ることができる場であることが欠かせません。遊具でのやけどや事故が起きる園庭では困ります。

　園庭の機能には、①多様な運動を経験する、②自然物と日常的に関わる、③遊びを展開する機能があります。とくに①と②が、保育室ではしにくい経験です。

（2）日射病、大気汚染、騒音から子どもを守る木々と土

　園庭には木を多く植え、柔らかい土を入れることは、子どもを日射病や大気汚染から守り、音環境を整える点からも、その必要性が高まっています。

　植樹は、これまでもスモッグ対策として用いられてきました。近年、pm2.5のように国を越えた大気汚染への対策の必要性も増しています。

　また気候変動により、高温化されることが予測されています。夏には保育者がタープやテントを張ることも行われていますが、それらは保育者の労働負担を増やします。園庭に多くの落葉樹を植えている園では、園庭には木陰ができるため、気温が高く紫

外線の強い日にも子どもは園庭で遊ぶ
ことができます。

　また土や木々、緑のように吸音性の
高い素材が多い園庭と、コンクリート
や硬い土のように反響する素材が多い
園庭とでは、子どもの声の響き方にも
違いが生じます。

　幼稚園・保育園・こども園では、子
どもの健康を守るためにも、木陰のな
い運動場から木陰の多い森のような園
庭へと変える必要性があります。

たっぷりの土と森のような緑あふれる園庭が子どもを守る
いずみこども園

（3）多様な運動を保障する環境

　「心身の健康の基礎を培うこと」は保育の目標の重要な柱の一つです。地域や家庭の
変化によって幼児は運動の機会が乏しくなっています。乳幼児期には、子どもは外気
にふれ、暑さ・寒さを体験し、汗腺や自律神経が十分に機能する体を作ることが不可
欠です。また身体を動かす習慣を獲得し、健康な体を育むためには、多様な運動をす
る体験が必要です。0、1歳児の場合には屋内でもさまざまな身体運動を行うことがで
きますが、走りはじめる2歳以降になると、保育室だけでは運動量が不足します。身
体運動は、子どもの基本的な欲求であり、食事や睡眠と同じように毎日必要です。

　園庭の環境は、主に子どもが活発に体を動かすことを意図して構成されます。子ど
もは、力いっぱいに走る、力いっぱいにつかまる、力いっぱいに引っ張るというよう
に、全力を出し切ることを体験することで、力のコントロールを獲得できます。集団
の子どもが全力を出し尽くせるために
は、ある程度の広さが必要です。

　次ページの図は、乳幼児期に経験し
たい動きの一覧です。たとえば、よじ
登る、渡るなどの動きは、運動場のよ
うな平地では体験できません。大型遊
具は、登る、ぶら下がるなど、子ども
が多様な運動の機会を得ることを意図
して選択します。園の条件によって遊
戯室や近隣で活用できるグラウンドの
有無が異なり、中心にする運動も鬼ごっ

登る、ぶら下がる、バランスをとる、よじ登る、飛び越え
る、わたる、またぎ跳ぶなどさまざまな動きが経験できる
大型遊具　子育てセンターこまつ

幼児期に十分に経験したい基本的な動き (1)	
体のバランスをとる動き	立つ、座る、寝ころぶ、起きる、回る、転がる、渡る、ぶら下がる、乗る、片足で立つなど
体を移動する動き	歩く、止まる、走る、スキップ、ギャロップ、はねる、跳ぶ、飛び越える、登る、下りる、這う、くぐる、よける、すべるなど
用具などを操作する動き	持つ、運ぶ、投げる、捕る、転がす、蹴る、つく（まりつき）、積む、こぐ、掘る、押す、引くなど

こ、なわとび、体操など異なります。園庭は、乳幼児期に経験したい遊びと運動、活動をふまえ、遊戯室や園外環境とのバランスを考えて構成を行います。

（4）自然と日常的に関わる環境

　保育の目標の一つには、「生命、自然及び社会の事象についての興味や関心を育て、それらに対する豊かな心情や思考力の芽生えを培うこと」があります。

　乳幼児期には、自然物を遊びの中に取り入れ、自然の美しさや不思議さに気付く経験が必要です。そのためには、園庭や通路には自然を豊かに取り入れ、季節の変化を感じられるようにします。

　子どもにとっての遊びは、環境に働きかけることであるため、子どもが掘り返し、作り変えることができる場を作ります。掘っていい土や、ままごとのためにちぎってもよい草花があることで子どもの遊びは広がります。また、そこにすりこぎやじょうごなどの道具があることで、子どもの探求を助けることができるでしょう。

遊びに使える草花を植える　多気の杜ゆたか園

落葉樹があると活動は豊かに広がる　ながかみ保育園

ナチュラル・キンダーガーデンを推進する金子・西澤は、園庭の植栽にも自然と共存する園庭づくりを推奨します。日本在来の草木を植えることで、園庭に小鳥や昆虫を呼ぶことができ五感を使って遊べる園庭へと改善できる方法を、具体的な樹木や草花の選び方や園庭づくりの方法を紹介しています[(2)]。

　また、自然はそこにあるだけでは、子どもたちの環境とはなりません。遊びが伝承されるようになると、大きな子どもの姿を見て子どもたちは真似をして遊ぶようになりますが、まだ自然物で遊ぶ文化が育っていない園では、保育者がガキ大将となって、土や砂、草や葉を使って遊ぶ姿を見せたり、道具を上手に使って見せたりするモデル行動が必要です。

自然の勾配を園庭に取り入れる　あおぞらこども園

　多くの園が、園庭を使って野菜を育てる、収穫することが経験できる実践に取り組んでいます。プランター等を活用して育てているところや、園外の土地を確保して畑や果樹を植えたり、地域の人の協力を受けながら近隣の畑や田んぼでの経験を確保する園もあります。

（5）遊びの空間としての園庭

　建築家の仙田満は、子どもが遊びやすい空間の構造を、①循環機能があること、②その循環（道）が安全で変化に富んでいること、③その中にシンボル性の高い空間・場があること、④その循環に「めまい」を体験できる部分があること、⑤近道（ショートサーキット）ができること、⑥循環した大きな広場や小さな広場がとりついていること、⑦全体がポーラスな空間で構成されることを示しています[(3)]。

　ポーラスな空間とは穴があいているという意味です。園庭には、走り回る場、挑戦する場、とどまる場、集団で遊ぶ場などさまざまな機能があり、それらを意図して環境を構成します。

　園庭の条件は、各園によって異なります。散歩に行ける場とのバランスを考え、子どもが多様な経験ができるように園庭を考えます。たとえば近くに平坦な広いグラウンドがある園では、園内は自然豊かな起伏のある空間が望ましいと考えられます。逆に、

(1)　幼児期運動指針策定委員会「幼児期運動指針」文部科学省 2012 と、前橋明『0〜5歳児の運動あそび指導百科』ひかりのくに 2004 より作成
(2)　金子龍太郎・西澤彩木「森のようちえんの遊びと学び」『保育・幼児教育の原点ナチュラル・キンダーガーデン』かもがわ出版、2019
(3)　仙田満「子どもと遊び」岩波書店、1992

平地（手前）と勾配（右奥）があり、回遊する空間、たまる空間、集団遊びができる広い空間など、多様な機能が盛り込まれている　子育てセンターこまつ

　近隣には勾配や変化に富んだ森がある場合には、園庭は、平坦な空間を作ると子どもの遊びや経験が広がります。

　園庭の大型遊具は、子どもが多様な遊びをくりひろげることができるように、シンプルで子どもの遊びのイメージを壊さないものを選ぶようにします。キャラクターがついた大型遊具や、色が派手な遊具は、子どもが家や、船、バスなどに見立てて遊ぶことが難しくなります。

　一時的に子どもを楽しませることを目的とした遊園地には派手な遊具が求められますが、子どもが遊びをつくり出す空間では、派手な遊具の存在は、子どもの遊びを邪魔します。周囲が住宅街の場合、騒色（濃いピンクや黄など）やキャラクターを過剰に配置した園庭は、近隣の住民に視覚的な「騒害」をもたらすこともあり、注意が必要です。

遊具はシンプルで飾りがない方が、遊びが広がりやすい
エミールこども園

大型遊具を集めて、起伏のある遊具の空間と、集団遊びができる平地の空間を確保　微笑保育園（湖西）

園庭には草花を植え池や川を作ると、遊びの中で草花や水を使うことができます。ゴザや段ボール、ラティス、廃材などが準備され、子どもが必要に応じてそれらを使うことができる環境があると、創造的な遊びがますます広がります。

園庭は保育室内と同様に、季節によって変化が見られる環境にします。寺田信太郎がつくった川和保育園の園庭は、

園庭に茂る植物。大人から見えるが、子どもたちが隠れて遊ぶことができる空間を意図的に作っている　ときわ保育園

全国の園に影響を与えました[1]。その園庭は、多様な経験ができるように作られています。秋冬の園庭では、木工、自転車レース、ログハウス、ツリーハウス、竹馬、こま、サンデッキの絵本コーナー、ロープウェイ、焚き火、土粘土など、園庭でさまざまな遊びを体験することができます。夏にはじゃぶじゃぶ池とプールが出現し、木々は緑の葉を広げタープ（布製の日よけ）が張られた夏の姿を見せます。四季により異なる姿を見せる自然と人が作った構築物の意図的な構成によって、子どもはさまざまな経験をすることが可能となっています。

夏になると父親たちが水遊びができるように園庭を準備する。子どもが井戸の水を汲みあげると、園庭に大きなじゃぶじゃぶ池が生まれる　川和保育園

(1) 寺田が創った園庭は現在は移転しており、本書に掲載した写真は旧園舎のものである。

第2章
生活と環境構成

1 生活場面における環境構成

（1）集団保育での生活場面には専門知識と技術が不可欠

室内で1歳児の強い好奇心を満たすには、多くの素材が必要 エミールこども園

集団保育で家庭のような安心感がある環境 なごみこども園

保育園や認定こども園の保育者には、遊びの環境づくりに加えて、食事・着脱・排泄・午睡等の生活場面においても、環境構成の知識と技術が必要です。

園は、乳幼児期の子どもが集団で食事をとり、午睡をする特殊な空間です。日本のクラス集団は大きく、保育者の配置基準も世界でも最低レベルです。保育時間も長時間です。そのなかで一人ひとりの子どもに配慮した保育を行うためには環境の構成が欠かせません。

保育者が家庭のようなあたたかい保育をしたいとどんなに願っても、そのための物的な環境や時間の環境が伴わない場合には、あたたかい保育を実現することは困難です。言い換えれば、集団保育の場において、家庭のような安心を得られる環境を構成できることが、保育者の専門性の証といえます。

（2）生活場面における物的環境の留意点

生活の環境を作る上で、保育者が留意する点は主に四つあります。

一つは無駄な動きが生じないように物を置き、動線をつくることです。たとえば乳児の食事場面では、援助するテーブルのそばに低いワゴンやテーブルにおかわりを並べておくことで保育者が動き回ることなくゆったりと座って援助ができます。また、できるだけスムーズな動線になる位置に生活の物品を配置することで保育者の動きは減らせます。

二つ目は、子どもにわかりやすい環境をつくることです。たとえば机の上を拭く雑巾と床を拭く雑巾に「机用」「床用」と漢字で書かれても、子どもはどちらを使用すればよいかがわかりません。机の上を拭くものは木綿の布巾とし、床はタオル地の雑巾とする、あるいは机の上は白の雑巾で、床は青の雑巾など色を変えることで、子どもにわかりやすい手がかりをつくることができます[1]。

三つめは、子どもにできることは子どもに任せることです。たとえば、クラスの備品等（ペーパータオル等）は無くなったら子どもが自分で出す、布団を敷く、掃除をするなど子どもに任せられることが多くあります。子どもの体の大きさに合わせた道具や用品を準備すれば、子どもは自分で行動できることが増えます。子どもは生活体験を重ねることで生活に関する習慣と能力を獲得するこ

子どもが自分で押すことができる大きさの手作りワゴンを準備する。子どもが自分で選択し行動できる仕組みがあれば、子どもに任せられることが増える　和光保育園（千葉）

子どもは自分で座る場所を選び食事を運ぶことができる。こぼしたときには自分で雑巾で拭くことができるように、雑巾が置かれている　和光保育園（千葉）

トイレットペーパーの保存ホルダー。トイレットペーパーがなくなれば子どもは自分で補充する　和光保育園（千葉）

(1) エミールこども園の実践。モンテッソーリ教育ではこのように色を子どもの手がかりとして活用します。

とができます。

　四つ目は、集団保育の中でも一人ひとりの違いを大切にできる物的環境をつくることです。家庭では同じ年齢の子どもが何十人も一斉に食事をすることはありません。全員が同じ量の給食を食べることも不自然です。同じ時間に一斉に排せつをするのは施設ならではの行為です。個別性を尊重する環境には、たとえば、おやつや食事の量は自分で加減できる環境、自分で行きたいときにトイレにいける環境などがあります。

（3）日課の展開〜時間の環境の留意点

　時間の環境づくりのポイントは三つあります。

　一つ目は、遊びの時間をたっぷりと確保し、細切れの日課にならないようにすることです。

　二つ目は、子どもが生活の見通しをもてるように、生活の流れを一定にし、毎日同じ日課を繰り返すことです。

　三つめは、個別性に配慮をした日課をつくることです。乳幼児期は発達の違いが大きい時期です。また、家庭によって生活時間は違います。朝食を朝6時に食べる子どもから朝8時に食べる子どもまで、2時間以上の幅があるのに対して、同じ時間に昼食を食べさせることには無理があります。たとえば2歳児の24人で一斉に食事をする場合、保育者はお腹の空いた子どもを待たせ、まだお腹が空いていない遊びたい子どもを急がせることになります。各園では、一斉に食事をすることをやめ、グループ別に食事を行うことや、レストラン形式で食事をするといった工夫が行われています。

　時間の環境を変えることで、保育者にはゆとりが生まれ丁寧な関わりがもてるようになります。子どもは自分のペースで着替えや食事ができるため、主体的に生活ができるようになります。

午前のおやつを園庭のテーブルに準備する。朝早く朝食を食べて登園した子どもが一番に集まる。生活時間の違いに配慮した工夫　子育てセンターこまつ

お腹が空いた子どもがレストランに食事に来る。子どもが主体的に生活するため保育者はゆとりをもって関わる

ながかみ保育園

（4）生活場面における人的環境の留意点

生活場面での人的環境のポイントは四つあります。

一つ目は、良い行動モデルを子どもに見せることです。丁寧な挨拶をする、靴をそろえる、食器や玩具を丁寧に扱い片付けるなど、子どもにしてほしい行動を保育者がしてみせます。

二つ目は、やり方や手順を丁寧に伝えることです。子どもは、手の洗い方、衣服のたたみ方など、一つひとつの手順を保育者に細やかに教えてもらい、それらを繰り返すことによって、一人でできるようになります。

三つめは、子どもが分かりやすいように援助することです。低年齢の子どもには、保育者が行う子どもの世話は、毎日同じ手順で行い、同じ言葉を使って援助します。言葉や行動が同じで分かりやすいと、子どもは見通しをもって主体的に行動できるようになります。

四つ目は、個別性を尊重した援助を行うことです。まず「全員が同じことを素早く一斉にしなければならない」という意識を変える必要があります。乳幼児期の子どもは効率的に素早く行動したりしません。気持ちの切り替えに時間がかかることや、ボーッとしているように見えることもありますが、保育者は気長に待つように心がけます。

生活の場面では保育者の丁寧な関わりが最も重要な環境
なごみこども園

個別性に合わせた時間の環境のなかで食事、午睡、遊びのそれぞれにていねいに関わる　青葉保育園

グループ別のワゴン分けられた食事を保育者が配膳する仕組み。保育者が動き回ることなく、ゆっくりと落ち着いて食事をとることができる　やまぼうし保育園

（5）生活習慣の習得には時間がかかる

　生活の主人公は子どもです。保育者は、子どもが見通しをもって生活し、自分でできる部分は自分でできるように物的環境と時間の環境を整えます。その上で、子どもに丁寧に生活の手順を教え、子どもが繰り返し経験することを助けて、できないことを援助します。

　しかし、このような援助をしても、乳幼児期の子どもは生活習慣を習得する途上であるため、できないことが多くあります。たとえば、片付けを子どもに教えてもすぐにできるようにはなりません。大人でも自宅を片付けられない人がいます。家庭では子どもが一人、二人でも散らかります。何十人も子どもが生活する部屋が散らかることは当然です。子どもたちがきれいに片付けができないことに焦る必要はありません。

　生活習慣に関しては、気長に構え、子どもができない部分は保育者が補うようにします。

2　生活用品の選択と配置

（1）手や体の発達をよく把握する

　食事・衣服の着脱・排泄・身の回りの清潔・睡眠など、生活習慣の獲得にかかわる環境では、子どもに合った用品や備品を準備することによって、子どもの自立を助けることができます。乳幼児の認知の特徴、手指操作の発達の道筋、身体運動の発達の道筋を理解していると、子どもの発達段階を適切に把握し、子どもに合った用品を選びやすくなります。

　保育者は、まず目の前の子どもをよく把握し、その子どもの体の大きさと発達段階に適した食器や生活用品を選択します。

　箸の長さは子どもの手の大きさに合わせます。保育者が食事の介助を行う場合には、別のスプーンを準備します。道具は、目の前の子どもの変化に応じて体系的に提供を行います。

軽くて返しの浅い食器（左）はひっくり返しやすく、こぼしやすい。適度な重さがあり、返しが工夫された食器（右）は、子どもが自分で食べやすい

（2）生活用品の大きさ、形、素材等を選ぶ

　適切な用品を選択するためには子どもが使いやすい生活用品を理解することが必要です。それぞれの用品により形、重さ、厚み、素材等の違いがあります。

　たとえば子どもが自分で意欲的に食べたいという気持ちがあっても、すくいにくいスプーンや、すぐにひっくり返ってしまう軽いお皿であれば、うまく食べることができません。子どもが（うまくできた）という達成感を得るために、子どもが扱いやすい形・重さの食器やスプーンを選びます。ピッチャー、お盆、トング、お玉、雑巾、ほうきなど、子どもに合わせた大きさや形を選ぶことで、準備や片付けを子どもが体験することができます。

トングやレードル、しゃもじ等、雑巾やバケツ、ほうき等、子どもが扱いやすい大きさ・形・素材の生活用品の選択で子どもが自分でできることが増える　エミールこども園

　着脱の環境では、大きな引き出しを準備すれば、衣服の出し入れや整理が容易になります。小さな引き出しできれいに整理をすることは大人でも困難です。

（3）手がかりとなる物を置く

　空間には、子どもが生活をするうえで手がかりとなるようなものを置きます。

　たとえば、授乳する空間の上と、排泄交換台の上には異なるモビールを下げ、月齢の低い赤ちゃんのときから今からミルクを飲む、あるいはオムツを替えることがわかりやすい手がかりを作っている園があります。

　トイレの出入り口には、パンツやズボンを履くための低いベンチを置けば、そこでパンツをはく行動を促すことができます。

　食事では細長い配膳台を準備して、一番手前にお皿、次におかず、ご飯が並んでいれば、子どもたちは手がかりの助けを得ながら自分で配膳ができます。

食事の後に、口の周りを確認できるようにランチルームには鏡が置かれている　子育てセンターこまつ

（4）生活の練習を行う教具を活用する

　今、園では、食事・排泄・衣服の着脱、清潔等の生活習慣を教える割合が増えています。

　貧民教育に携わったモンテッソーリは、教育のゆとりがない家庭の子どもに対する教具を考案しました。それらは保育者の手をあまり借りることなく、発達段階にそって生活技能を獲得できます。たとえば「雑巾で拭く」という技能の獲得には、「スポンジで拭く─ミトンで拭く─小さな雑巾で拭く─大きな雑巾で拭く」という小さなステップが準備されています。このように、生活を教材化し、一つの生活技能の獲得を細やかな段階に分ける考え方は、どの園でも活用が可能です。

　モンテッソーリ教育を取り入れているエミールこども園では、お花にお水をやりたい子どもには花用のエプロンが置いてあり、クッキーを作りたい子どもにはクッキー用のエプロンが準備してあります。その際、道具を準備し、粉をこねるところから片付けまで一連の流れを一人で経験できるようにしています。このような活動を通して、子どもは生活に必要な技能と段取り力を獲得することができます。

クッキーを作る道具の準備から始まるすべての手順を経験できるように環境を用意する　エミールこども園

玩具の棚にはクッキーを作るために必要な道具を揃える
エミールこども園

洗濯や水やりなど生活の手順を教材化している1歳児クラスの例　エミールこども園

雑巾で拭く、洗う、絞る、干すなど生活に必要な体験ができる環境を整える　多気の杜ゆたか園

（5）恒常性を保った物の配置をする

　生活の環境においては、子どもたちが自分で判断ができ、主体的に行動できるように、目で見てわかりやすい空間をつくります。

　ケアの環境では、遊びの環境よりも恒常性を高く保ちます。恒常性とは、いつも同じ環境を保つということです。遊びにおいては、環境が変化することが子どもたちの挑戦を促しますが、生活習慣においては、毎日、一定の行為を繰り返すなかで、定着を図ることができます。そのため、生活の用品はいつも同じ位置に配置をします。眠る場所も低年齢の時期には、いつも同じ場所とします。

　靴箱や机や椅子に名前やマークなどを貼らずに、自分で選んだ場所に靴を入れる方法を選んでいる園もあります。そこでは常に子どもが自分で考えて行動できるために情緒が安定しています。

　子どもが見通しをもって主体的に行動できる環境をつくると、子どもは安心して行動でき、保育者の指示や指導が減るため子どもの情緒が安定します。

子どもが配膳しやすいように、横長の机に食器を並べる。横長のため込み合いにくい　和光保育園（千葉）

洗面所にタオルが横一列に並んでいれば、込み合わずスムーズに手を拭くことができる　やまぼうし保育園

靴は自分の入れたい場所に揃えて入れる。高い場所が人気。　ながかみ保育園

トイレの出口の前にパンツやズボンをはくためのイスが置かれている　やまぼうし保育園

3 情緒の安定を促す環境

（1）子どもの自己活動を充足できる環境づくり

　子どもの情緒の安定を支える環境として、一つ目には、十分に手を使いたい、動きたいという欲求を充足できる環境をつくることがあります。モンテッソーリは、子どもは自己活動を十分に満足できたときに、秩序と安定感が生じると説明しています。

　子どもが働きかけることができる十分な量の遊びの素材や道具が子どもの手の届く位置に置かれ、子どもが自分のやりたい活動に取組むことができ好奇心が満足する環境によって、子どもは活動の欲求を充足します。また、保育室内でも屋外でも十分に体を動かすことができる環境だと運動の欲求が充足できます。

　雨が続き外に出ることができない、サークルなどの狭い空間に閉じ込められている、保育者が玩具を出したときにしか手を使えないという状況のなかでは、子どもの情緒は不安定になりがちです。

　たとえば1歳児クラスが、体育館のような玩具が何もない環境である場合には、保育者の周りに子どもが集まってしまいます。保育者が出したおもちゃに群がり、子ども同士の物のとりあいやかみつきなどのトラブルも頻発します。大勢の子どもに強いストレスを感じる子どももいるでしょう。

　一歳の子どもが12人、あるいは18人のような大きな集団で一緒に生活する場合には、子どもの活動欲求を充足するために、家庭よりも質・量ともに遊びの素材を豊富に揃え、それぞれの遊びが確保される空間を構成する必要があります。

給食のたまねぎを洗い、皮をむく1歳児。1歳の強い知的好奇心と身体を使う欲求に応える。屋内でも自分のやりたいことを選べる環境の中では、情緒が安定する
エミールこども園

着替えなどの生活の空間は、広さにゆとりをもたせて、込み合わないように配慮する　ながかみ保育園

（2）パーソナルスペースを確保する

パーソナルスペースは、「そこに侵入者が入ることが許されない、個人を取り囲む、目に見えない境界線に囲まれた空間」です。パーソナルスペースは、個人の属性、社会文化等の要因によって変化し、安心感をもっている相手より不安感をもっている相手には距離を広くとることや、年齢によっても距離が異なることがわかっています[1]。

はじめから各クラスの保育室をオープンなつくりにしている園。子どもの多様性を尊重し、違いが問題にならない環境の工夫を行う　ながかみ保育園

もしも、私たちが体育館で毎日を過ごすことになった場合、大きなストレスを感じることでしょう。

子どものパーソナルスペースを守るためには、保育室内の空間を分けることによって込み合い感を低くする、廊下やテラスなど保育室の込み合い感を減らす場をつくる、保育室内・外に一人になれる空間を準備する、空きスペースに図書コーナーをつくるなどの空間の工夫があります。また、食事や活動の際には、机が込み合わないようにイスを配置し一つの机を使用できる子どもの数を減らすようにすることや、ランチョンマットを使用して、自分の空間が目で見てわかるようにするなどの工夫もあります。

（3）休息ができる空間をつくる

疲れたときに、リラックスできる場や一人になれる空間を準備します。保育室内や廊下にソファや柔らかい敷物や畳を置けば、子どもがリラックスできる空間になります。陰の場所や保育室以外の子どもの居場所が準備されていれば、集団のストレスに疲労した子どもはそこで気持ちを安定することができます。廊下にソファを置いた空間を作ったり、じゅうたんを敷いた図書コーナーを作れば、恰好の休息場所になります。

クッションや柔らかいソファで、くつろぎ感のある絵本コーナーをつくる。保護者と子どもの交流の場にもなる
日野の森こども園

(1) 羽生和紀『環境心理学』サイエンス社、2008

施設では、大人の効率性のために、汚れにくい、掃除がしやすいことを優先すると、人工的な素材が多くなります。長時間の保育の場合には、とくに子どもを優先した家庭のようなあたたかな空間になるように配慮します。

（4）環境に自然を取り込む

　環境心理学の研究は、自然や植物は心理的な回復環境にもなることを明らかにしています。美しい自然は、強い覚醒や強い感情とは異なり、静かに人を引き付けます。人間は、土をいじる、収穫するなど人類の進化の過程で適応してきた行動にはより適合性が高いとされます[1]。

　保育室内は自然の色合いに近づけ、木、障子やたたみなどの自然素材を多く取り入れることによって情緒の安定感を増すことができます。コンクリート地の部屋でも、家具を自然素材にし、室内や廊下に植物を置くことができます。和光保育園の鈴木眞廣園長は「地球で共に生きてきた動植物など他の生命と共に過ごせることは、安らぎです」と述べ、自然の素材をふんだんに取り入れた保育室を構成しています。できる限り自然のある園庭を確保することや、園庭がない場合には保育室に自然を取り込む工夫が求められます。

木や畳など自然の素材で子どもを包みこむ空間をつくる
和光保育園（千葉）

オフィスビルでも、壁・床・棚などに自然の素材と色調を取り込んだ環境をつくることができる　まちの保育園六本木

（5）ストレスを与える刺激量を抑える

　集団保育の場では、適切に環境を構成しないと、家庭のような安心感と落ち着きのある空間を作り出すことはできません。大勢の子どもが活動する保育室では、音等の聴覚刺激も、色や形等の視覚刺激も一般の家庭よりも過度になりがちです。

　視覚刺激を抑えるために、壁やカーテン、じゅうたん、ついたて、棚など大きな面

積を占める家具等大きな面積を占める
ものは、無地の落ち着いた色合いを選
びます。

　保育室内には、玩具や子どもの着替
えなど数多くの物があります。子ども
もさまざまな色の服を着て室内を動き
回ります。そのため室内の壁面には余
分な装飾等を避け、原色は少量用いる
ようにします。保育者の服装も視覚刺
激の一つとなりますので、原色やキャ

落ち着いて食事や午睡をするには落ち着きのある環境が必
要。エプロンの色柄にも配慮が感じられる　青葉保育園

ラクターのついたエプロンをつけて保育室内を歩き回ることは避けたい行為です。

（6）情緒の安定を促す人的環境

　人的環境の質は、子どもの情緒の安定に大きな影響を与えます。
　保育者が、子どもを待たせる、急がせる、行動を止める、指示を出す等を頻繁(ひんぱん)にし
ていると、子どもは高いストレスを感じ情緒が不安定になります。これらの行動は、
決められた課業が多く日課にゆとりがない、行事が多い園でよく見られます。保育者
が行事に成果を求められプレッシャーを感じていると、子どもへの指導が厳しくなる
ことがあります。
　子どもの情緒の安定には、まずは保育者が子どもに何かをさせる一斉活動中心の保
育から、子どもの主体的な活動を中心とした保育へと変える必要があります。

　しかし、環境を通した保育
を行っていても、保育者が脅
しや長い説教などを行ってい
ると子どもの情緒は安定しま
せん。保育者は、環境構成の
技術と共に、関わりの技術も
不可欠です。

　関わりの技術は拙著『改訂
保育者の関わりの理論と実践
～保育の専門性に基づいて』
を参照ください。

保育者の笑顔は子どもたちの安心の源　かほるこども園

(1) 羽生和紀「環境心理学」サイエンス社、2008

4　子どもの安全を守る環境

（1）保育者が行う安全管理の概要

　事故防止には、大きな事故につながる玩具や家具・屋外遊具の安全確認、虫や動物、不審者による事故の防止、アレルギー食品や薬投与の事故防止などがあります。こうした事故を防止するために、保育者は以下の (2) ～(4) の環境構成による防止を行います。

　事故のなかには保育者の不注意による事故があります。たとえば掃除用洗剤や消毒薬の放置、ベビーベッドの鍵のかけ忘れによる乳児の転落、アレルギー食品の提供によるアナフィラキシーショックなどです。このような保育者の不注意による事故も、環境構成で防止できます。危険な物を片付ける場所は高い位置に固定し、薬品や洗剤等には、購入時に注意を引く赤や黄色のテープをはり、「危険！子どもの手の届かない位置に戻す」と書くことによって放置を防止できます。保育者がベビーベッドの鍵をかけ忘れる場合は、保育者に注意するように言うよりも、ベッドの使用を止めることの方が有効です。

（2）事故を防止する空間の構成

　屋内の衝突・転倒による事故は、廊下や保育室内では、子どもが走らないように空間を構成することによって防止できます。

　大型遊具の配置は、子どもの行動を予測して行います。たとえばすべり台からすべり終える位置にブロックのコーナーをつくればケガや事故が予測されます。大型遊具の配置が悪いと保育者が子どもの行動を止めることや注意をすることも増えます。

　込み合う空間では攻撃行動が増えます。保育室内は、手指操作ができる十分な量の遊びの素材と道具を準備して、子どもがそれぞれのパーソナルスペースを確保できるように配置します。体育館のような物が何もない保育室をつくると、子どもは保育者や玩具のまわりに集まり、トラブルが起きやすくなります。

（3）事故を防止する玩具と大型遊具の選択

　保育室におく玩具の選択によっても事故は防止できます。0、1、2歳児クラスの玩具は、口に入れても安全な素材と、誤飲しない大きさを選択します。

　事故防止には、形と素材の関係も重要です。0、1、2歳児は、丸い形のものを見つけると投げ、長いものを見つけると振り回します。そのため0、1、2歳児クラス

には、丸い形や振り回す細長い形であ
りながら硬く重いものは置かないよう
にします。

　子どもが執着しやすい玩具は、ミニ
カー、精巧にできた電車、キャラクター
の玩具や絵本です。これらは激しいト
ラブルが起きやすいため、保護者の相
談室や病児保育の場に置き、子どもが
一人で遊ぶ玩具として用いると良いで
しょう。

　危険な大型遊具の例としては、ハイ
ハイの赤ちゃんが簡単に高いところに
登ってしまうすべり台等があります。事故の防止には、ある一定の注意力や運動能力
がある子どもしか高いところへ登れない大型遊具を選び、仕組みを作ります。

比較的身体能力が低い子どもでも段差が小さくて高いとこ
ろまで登りやすいが、降りるときが難しいすべり台。上で
子どもが集まると危険なため大人のすぐそばでの見守りが
欠かせない

（4）事故を防止する情緒の安定を促す環境

　子どもの情緒が不安定であると、他児への攻撃やけんかによるけがが増えます。

　情緒の安定のためには、まずは十分な運動量を確保することが必要です。狭い空間
でじっとさせられる時間が長いと、子どもは基本的な欲求が充足できないために情緒
が不安定になりがちです。

　また、室内の空間は、視覚や聴覚の
刺激が多くなりすぎないように構成し
ます。集団の保育では、常に自分のま
わりを人が動きまわり、色や音の刺激
が家庭より多くなりがちです。加えて、
壁一面に飾りを貼ると、ますます刺激
が過剰になります。そのような保育室
では、視覚刺激や聴覚刺激に敏感な子
どもは、高いストレスを感じます。

遊びの素材や道具が揃えられ、そこに子どもが加わると視
覚刺激が多い空間となる。カーテン、じゅうたん、棚等は
無地でちょうどよい　たかくさ保育園

　とくにかみつきやひっかきなどのけ
がが発生しやすいクラスは、０歳児の
後半から１歳児、２歳児の前半までの
クラスです。０、１、２歳クラスでは特に上記の二点に気をつけます。

第3章

子どもの発達と環境構成

1 子どもの姿から環境を構成する方法

　乳幼児は、今伸びようとする力を獲得できる行動を遊びとして繰り返します。たとえば立つことができるようになった子どもには、立つこと自体が遊びになります。何度も立ったりしゃがんだりを繰り返して立つ能力を獲得し、立ちあがることに習熟してしまうと立つことは遊びではなくなります。

　このような乳幼児の行動は、大人にとって困った行動に見える場合もあります。たとえば、登る能力を獲得する時期にはテーブルに登ろうとし、手指の操作性が発達する時期にはロッカーの引き出しをひっくり返します。しかし、これらは、子どもが新しい能力を獲得するために練習している姿です。

　保育者は、一人ひとりの子どもの姿をよく見て、その子どもが今何を求めているのか、どんな能力が伸びる時期であるのかを把握して、子どもに合った環境を構成します。

　では、左のステップを踏みながら、環境を構成しましょう。

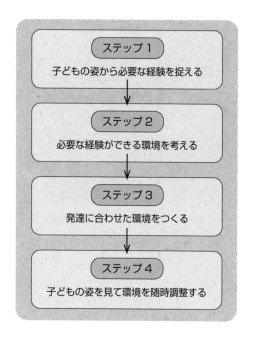

ステップ1
子どもの姿から必要な経験を捉える

ステップ2
必要な経験ができる環境を考える

ステップ3
発達に合わせた環境をつくる

ステップ4
子どもの姿を見て環境を随時調整する

（1）ステップ1　子どもの姿から必要な経験を捉える

　保育者は子どもの姿をよく見て、その子どもが今どのような経験を必要としているのかを捉えます。写真の子どもは単に棚に登ろうとしているように見えますが、その姿勢から、腕を大きく棚に回し、足を高く大きく上げることや狭い場所をくぐるなどの経験を求めていると捉えることができます。

　子どもの姿から必要な経験を細やかに想定します。

子どもの姿をよく見る。子どもが何をしたいのかを把握する

　棚に登ろうとしている。

　腕を大きく棚に回している。

　足を大きく上げたがっている。

　全身を使って乗り上がろうとしている。

　狭いところへ体を入れようとしている。

その子どもの、どんな能力が伸びようとしているのかを捉える

　高い場所に登る能力を獲得しようとしている。

　高さに合わせて狭い場所に入り込む能力を獲得しようとしている。

　その高さに合わせて身体を調整しようとしている。

　腕や足を大きく力いっぱいに動かす能力を獲得しようとしている。

　探索によって自分の身体の大きさを理解しようとしている。

その子どもに今必要な経験を考える

　高い場所へ登ったり下りたりする経験

　狭い場所へ入り込む経験

　腕や足を付け根から大きく力いっぱい動かす経験

　さまざまな環境に合わせて身体を動かす経験

（2）ステップ２　必要な経験ができる環境を考える

　経験は、さまざまな遊びや生活に展開できます。たとえば、腕を付け根から力いっぱいに動かす経験ができる遊びとしては、段差に登るだけではなく、重さのある豆袋を投げることや大きな布を振るわらべうた遊びなど、さまざまな遊びが想定できます。また、生活の場面で、子どもが自分で着替えのバッグを持ち運びすることや、布団をかけることも腕を大きく動かす経験になります。

これらの経験ができる遊びや生活の環境を考える

　高い場所へ登る遊び

　幅のあるものを越える遊び

　腕を大きく振る遊び

　力いっぱいひっぱる、押す遊び

　椅子に自分で座る

　自分で布団に寝転がる、自分で起きる

活動ができるための環境を考える

　大型積木や牛乳パック積木を使って登る環境

　机やマットを使って登る環境

　段ボールの箱やロールマットなど、またいだり越えたりする環境

　高さや幅が狭い空間

　柔らかく少し重みのあるボールや豆袋、お手玉

　腕を大きく動かして遊ぶ大きな布

　抱えて持ち歩く重みのあるミルク缶など

　箱押しの箱

（3）ステップ3　発達に合わせた環境をつくる

　具体的な環境はさまざまなものが想定できますが、保育者はその中から保育室の広さや、作ることにかけられる時間などの現実的な制約に合わせて選び、環境を手作りしたり、玩具を選んで購入したりします。実際に環境をつくる場合には、子どもの発達段階と身体の大きさに合わせた環境をつくることが必要です。

　まずその子どもの発達段階にとって、「ちょうどいい難しさ」になるように、大きさや重さ、高さや広さなどを考えます。

　ちょうどいい環境とは、「発達にぴったり合った環境」と「挑戦的な環境」の二つです。

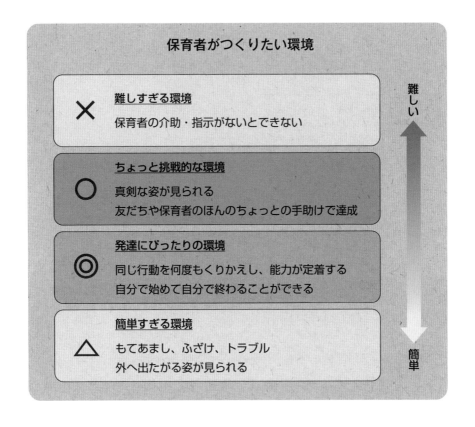

　たとえば、「発達にぴったりの環境」には、子どもが自分で登り下りできる高さで、広さが確保されている段差などがあります。「ちょっと挑戦的な環境」には、幅の狭い段差や高さのある段差などがあります。「難しすぎる環境」には、高すぎる机や低すぎる机、平均台のような幅の細いものなどがあります。「簡単すぎる環境」には、低すぎる高さの台、平坦な場所などがあります。

　子どもたちに、もてあましの行動が多くみられるようであれば、環境の改善どきです。

また子どもは、同じ年齢でも身長が異なります。また気質によっても難しいものに挑戦したがる子どもと、易しいものを選ぼうとする子どもがいます。同じ高いところに登るという行為であっても、その子どもによって挑戦する高さは異なります。

　保育者は、複数の子どもを対象としているため、その子ども、あるいはその子どもたちに対して「ちょうどいい環境」を探します。

具体的な環境を選び、つくる

　牛乳パック積木を使い、登り下りをするための段差を作る

（4）ステップ４　子どもの姿を見て環境を随時調整する

　保育者がちょうどいいだろうと思っても、高さ、大きさ、幅、素材、操作性などが子どもの発達に合わない場合には、子どもはその場所や玩具では遊びません。また、乳幼児はすぐにその環境に習熟してしまいますので、ちょっと難しくする、付け加える、入れ替えをするなどして、子どもの強い発達の欲求に応えるようにします。

　保育者は、子どもの姿をよく見ると同時に、自分が子どもになって遊んでみましょう。実際に子どもの気持ちで遊んでみることで環境の課題は明らかになります。

2 各ステージ別の環境構成の実践例

　ここでは、環境構成の実践例を、「発達のステージ」に合わせて説明します。各ステージの発達のポイント、この時期に子どもが経験したいこと、環境構成のポイントと具体例、そして、この時期に向かない環境を挙げます。

　発達のステージは、「保育所保育指針」で「発達過程」と示されているものと同じ意味ですが、発達を連続性のあるものと捉え、同じ年齢でもそれぞれの子どもがいるステージが異なることをイメージしやすいようにステージという表現を使用しました。

　ステージは、前のステージが土台となって次の発達が積み重なります。第1ステージの時期に応答的な関わりがなければ、探索や自分の遊びも生まれません。

　ステージの段差は、子どもの姿が大きく変わる時期をさしています。保育では「1歳半の壁をこえる」といった使われ方をしてきました。同じ年齢でも、その子どもがいるステージは違います。3歳児クラスには、第3と第4ステージの子どもが混じっています。数人は、第2ステージや第1ステージでしょう。第1ステージにいる子どもは、集団活動を急ぐよりも、まず人と信頼関係をつくり、目と目を合わせて笑える活動を行うことが最優先です。

　それぞれの子どもに最も必要な経験や環境を理解するために、「発達のステージ」の表を使ってください。

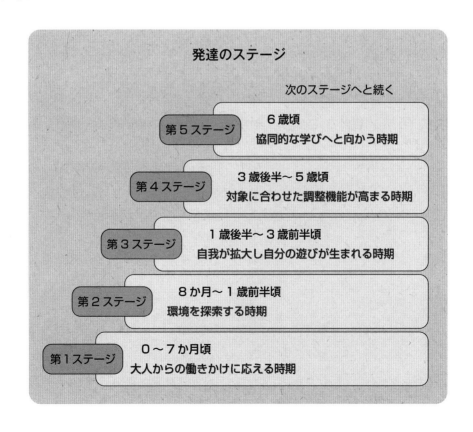

発達のステージ

次のステージへと続く

第5ステージ　6歳頃
協同的な学びへと向かう時期

第4ステージ　3歳後半〜5歳頃
対象に合わせた調整機能が高まる時期

第3ステージ　1歳後半〜3歳前半頃
自我が拡大し自分の遊びが生まれる時期

第2ステージ　8か月〜1歳前半頃
環境を探索する時期

第1ステージ　0〜7か月頃
大人からの働きかけに応える時期

（1）第1ステージ　0〜7か月頃

第1ステージ	0〜7か月頃 大人からの働きかけに応える時期

この時期の発達のポイント

・ 大人との情緒的な交わりによって、人への信頼を形成する時期
・ 話しかけるとじっと聞くなど、声や音に注意を向ける力が育つ
・ 人の目を見つめる、物を見つめるなど、注意を向ける力が育つ
・ 身体は、頭部→尾部、中心→末端、緊張→弛緩、左右非対称→対照的な身体へと発達
・ 運動は、無目的→目的的な動き、ランダムな動き→リズムのある動きへと発達

この時期に子どもが経験したいこと

・ 見つめられる、話しかけられる、やさしく歌ってもらう
・ 抱かれる、やさしくゆすられる、くすぐられる、体をなでてもらう
・ オムツ交換や授乳など、心地よい世話を受ける
・ 仰向けやうつぶせ、体をねじる、手足をバタバタ動かす、
　腰を中心にして体を動かす
・ 話しかけられた声や聞こえた音に注意を向ける
・ 身体と玩具等をいじりなめる。

①信頼と注意を育てる環境

　2、3か月頃から保育者の目をじっと見つめ、人に話しかけられると声をたてるようになります。

床、壁、棚等は色彩を抑え、玩具に注意が向かうよう配慮された0歳児の保育室。自然の色調の中で原色が多い玩具は目を引き、子どもの探索を促す　なごみこども園

　この時期に、乳児は、一つの物をじっと見つめる、何か音がすると耳をすませるなど、雑多な環境のなかから、一つのものに注意を向ける力が育ちます。注意を向ける力は知性の原点ともいえます。

　人に心地よい世話をされている子どもは、人と物との区別がはっきりし、人を物よりも選好する態度が見られます。保育者の動きをじっと目で追い、

物を見せるよりも保育者があやす方を喜びます。

　7か月頃までの時期に、目を見つめない、人と物の区別がついていない様子が見られる場合には、肌をさわり、体を動かしながらうたうなど五感を伴う心地よい関わりを心がけ、人への信頼関係が育つように配慮します。

　この時期は、「大人の関わりの質」がもっとも重要な時期です。オムツ交換や着替えのときにはしっかりと目を合わせ、必ず何をするかを話しかけてから世話をします。大人から心地よい世話を受けることで信頼と注意が育ちます。

じゅうたんや床が無地であると、床にある玩具などに注意を向けやすい。探索を促す時期であるため床や棚、カーテンなどは無地で、玩具に注意が向けられるようにする。

じゅうたんに柄があると玩具に注意を向けにくい。ハイハイや不安定な歩行の時期であり安全性の面からも床に柄物は望ましくない

②仰向けやうつぶせで、腰を中心に全身を動かすことができる環境

　仰向けで寝ている子どもを上からあやすと、声をたてたり手足をバタバタと動かします。この時期は、仰向けやうつぶせなど、腰を支点として身体を自由に動かすことができる姿勢を心がけます。腰がすわっていない時期に無理にお座りをさせるとうつぶせや仰向けを嫌うようになる場合があります。

仰向けで寝ている子どもに対して、目を見つめて心地よくあやすと、体を開き手足をバタバタと動かして声をたてる

運動の中心は腰。この時期は腰を中心にして身体を動かす経験をたっぷりできるようにする

ハイハイをするようになるまでは、お座りをさせることや、起きている時間にラックや歩行器に入れること、長時間の抱っこなどはできるだけ避けるようにします。

③見る・さわる・なめることができる環境

仰向けの時期には、自分の手足やおもちゃをさわってなめて確かめる経験ができるようにします。手におもちゃが握れるようになったら、おもちゃを手にもたせます。目が覚めているにもかかわらず、布団がかけられたままであったり、玩具がない状態では、子どもは、自分の身体と環境を認識する学習経験ができません。この時期の子どもにとっても遊びは学習時間であると考えて子どもが遊べるように配慮します。

おもちゃは必ず口の中に入れて確かめる。タオル、布、木などの自然素材や、安全なプラスチック素材など、さまざまな感触を試す素材を準備する

ガラガラは、手の発達に合わせて揃える。軽量のものから重量感のあるものへ、持ち手が細く握りやすいものから手の平を開いて握るものへ、片手でもてるものから両手で扱うものへと変えていく

この時期に向かない環境

- 安全が確保されていない環境
- 人との心地よい関わりが得られない環境
- 大人からお座りをさせられ腰を動かせない環境
- 目が覚めているときに仰向けやうつぶせで遊べない環境
- 強い刺激や新奇性に囲まれた環境
- 一方的な刺激を与えられる環境

（2）第2ステージ　8か月〜1歳前半

<table>
<tr><td>第2ステージ</td><td>8か月〜1歳前半頃
環境を探索する時期</td></tr>
</table>

この時期の発達のポイント

- 模倣から延滞模倣へ
- 探索活動が遊びの中心である
- 好奇心、活動欲求が強い
- 目についたものに引かれて遊ぶ
- 環境が示す情報に反応する
- 移動姿勢の変化（ずりばい→四つばい→高ばい→床からの立ち上がり→歩行）

この時期に子どもが経験したいこと

- 意欲的に環境を探索する
- 這う、登る、くぐる、ころがる、しゃがむ〜立つ、歩くなどの基本的な動作を繰り返す
- 大人に見守られながら探索する
- さまざまな物・自然をさわって動かしてみる
- 大きな子どもや大人がやっていることを見る
- 大人とやりとりをする

①自由に探索できる環境

　この時期の子どもは、大人を安全基地としながら環境を探索することが主な遊びです。この時期は、体を使って動き回り、物をさわることが重要な学習活動です。その

さまざまな硬さや感触の床を這う子ども。保育者は危険がない限り子どもの探索を見守るようにしたい　ここみ広場

段差、坂、回り込む空間、狭くて入り込める空間など、好奇心をもって探索できるように設計　子育てセンターこまつ

玩具は手の届く場に常に置き、探索し回遊できるように空間をつくる　なごみこども園

0歳児クラスは年度途中で子どもが増え、子どもの姿は日々変わる。環境も変化させる場合が多い　和光保育園(浜松)

ため体育館のような単調な環境では子どもは好奇心が満足できないため、引き出しを開けたり外へ出ていこうとします。また目が覚めているのに、ベビーベッドに入れられている状態では学習ができません。大人は、子どもが動き回り、強い好奇心を満足することができる環境をつくり、子どもの探索をあたたかく見守ります。

　子どもは探索の途中ではじめてのものを見つけると、大人を振り返り安全かどうかを確かめます。この時期に大人を振り返ることがない、激しく転んでも痛がらない、大人のもとへ戻ってこない場合は、その前のステージで獲得する信頼と注意を獲得していない可能性があります。人と視線を合わせない、表情が乏しいなどの様子が見られる場合には、その前のステージで経験する抱っこや体のマッサージ、目を合わせるひざのせ遊びなどで、人への信頼関係と注意を向ける力を育むようにします。

②這う、登る、転がるなどの基本的な動きを経験できる環境

　這う、登る、くぐる、転がる、床からの立ち上がりと、しゃがむ、歩くなど基本的な動作を繰り返し行い、運動の中心である「腰」の動きをしっかりと獲得していきます。

斜面があれば、子どもは這う。子どもがちょうどいい場を選び、何度も繰り返すことができる環境　三瀬保育園

柔らかいマットやクッションを敷き詰めた空間を作ると、転がり、数人で体をからめ、じゃれ合う姿が見られる。木の床では生じにくい行動　城南区子どもプラザ

柔らかい布やクッションの感触を楽しむ。硬い床面とは違うバランスのとり方と身体の動かし方が必要。情緒の安定のためにもこの年齢では柔らかさのある空間を必ず準備したい　和光保育園（浜松）

狭い場所に入り込む、くぐる、もぐるなどの経験をすることで、子どもは自分の身体の大きさを知る。環境に合わせてさまざまな動きをすることで、なめらかに動く手足を獲得する　城南区子どもプラザ

「高い高い」などの遊びや、転がる遊びによって身体のバランスをとれるようになります。転んだときにとっさに手が出て身を守ることができるように、十分に這い回れる環境をつくります。

③起きている間中、手を使える環境

　この時期は、手と口を使って事物に直接働きかける感覚運動的な遊びが中心です。つかむ、離すなどを基本とした粗大な手の運動を繰り返しながら次第に複雑な手の動きを獲得していきます。

　子どもの探索活動は学習活動であるため、子どもがさわることができる物が、いつも子どもの手の届く場所にあることが必要です。手の届く位置に物が置かれていない保育室は、子どもが学べない、発達できない環境です。

手を使えるものを、子どもの手の届く位置に置くことで、子どもの学習が促される。何度もさわって、動かしてみることで、なめらかに動く手指と物の性質を学習する

ときわ保育園

歩くことに慣れると、次はさまざまな物をもって歩くことが遊びになる。子どもはちょっと難しいことを好むため、少し重さのあるものや、腕いっぱいに抱える大きな物がうれしい　和光保育園（浜松）

さまざまな形、長さ、素材などを揃えて子どもの好奇心と
手指を使いたいという欲求に応える。子どもの人数に合わ
せて量を準備する　ときわ保育園

手作り玩具。単純なものは、自分の行為と結果がわかりや
すい。市販の玩具には、因果関係がわかりにくい複雑なも
のもある。大人には単純すぎるものがちょうどよい
愛恵保育園

手作りの写真絵本。友達や保育者の顔、果物など、子ども
の身近な人やものの写真を入れて、子どもが何度もめくる
ことができる　ときわ保育園

重ねカップや積木などは棚に置き、保育者がいつも重ねて
秩序感をつくる。子どもが倒したらまた重ねるというやり
とりを繰り返すことが遊び　ここみ広場

この時期に向かない環境

・安全が確保されていない環境

・運動と探索が制限された環境

・無理に座らせられ、立たせられ、自然な動きを奪われる環境

・物が少なく物にさわることができない環境

・新奇性の高い玩具や人形が置かれた環境

（3）第3ステージ　1歳後半から3歳前半

> | 第3ステージ | 1歳後半〜3歳前半頃
自我が拡大し自分の遊びが生まれる時期 |

この時期の発達のポイント

・身体面では動きが拡大し粗大な動きを欲する
・手指操作が著しく手を使いたがる
・道具の使用が始まる
・自我が拡大し大人への甘えも強い
・自分で自分の感情を転換することが難しい
・見立て・つもり行為がはじまる、想像力の芽生え
・行く⇔戻るが可能となり、自分の遊びが生まれる、言葉が爆発的に増える

この時期に子どもが経験したいこと

・走りまわるなど、粗大な運動を十分にする経験
・道具や玩具など手を使った経験を十分にする経験
・一人遊びと並行遊びを十分にする経験、見立て遊びとつもり遊びの経験
・大人や大きな子どもの豊かな言葉や遊びの世界にふれる経験
・大人に気持ちを受け止めてもらうことと壁になってもらう経験

①粗大な動きと多様な運動ができる環境

　基本的な動作が未熟な段階であり、子どもは毎日遊びの中で身体を大きく動かすことを必要としています。

　この時期は、走り回るなどの全身を粗大に動かす行動が増えますので、力いっぱいに体を動かすことができる環境を準備します。

　子どもはなめらかな動きを獲得するために、同じ動きを何度も繰り返します。走ることができるようになった子どもにとっては、走ることが最も楽しい遊びです。すべり台をすべることができるようになろうとしている子ども

飽きずに何十回とすべる。集団で遊びやすい遊具を選択することで、さまざまな動きが生じる　子育てセンターこまつ

園庭での砂と水を使ったダイナミックなままごとは、重さと距離が伴うために運動量も増す　かほるこども園

走り回る動きが必要な時期には、広い平地の空間とゆるやかな坂のある空間がぴったりと合う　みどり保育園

は何十回でもすべり台を繰り返しすべります。そのため繰り返しができる時間の確保と保育者の見守りが重要な時期です。

②物を操作し道具を使用する環境

　手の操作が著しく発達し、道具の使用を獲得するようになるこの時期は、起きている間中、手を動かしたいという強い欲求をもっています。感覚を楽しむ段階を超え、目的をもって物を操作する段階へと移行します。1歳児、2歳児クラスでは、多様な操作ができる素材と道具が子どもの手の届く位置にあることが不可欠です。子どもの発達段階と人数に合わせた環境が準備されていることによって、手の発達を保障することができます。

1、2歳児クラスでは、手を使う素材や道具が子どもの手の届く位置に置かれていることが必要　かほるこども園

お手玉にフェルトを繰り返し巻く　城南区子どもプラザ

③想像力と言葉を育む環境

　1歳半頃から表象の機能を獲得した子どもには象徴的遊びが見られるようになります。積木を自動車に見立てて「ブッブー」と動かすなど、目の前にある物とは異なる物に見立てる行為や、以前見たことの真似をする行為（延滞模倣）などが次第に増え

ます。

　１、２歳児クラスでは、具材をお鍋に入れるなどの操作の遊びと、料理を作っているつもりの想像の遊びの子どもが交じります。そのため遊びの素材には、操作遊びにも想像遊びにも使えるシンプルなものを選択します。

　想像力が伸びるこの時期は、言葉が爆発的に増える時期とも一致します。この頃の子どもたちは、頭の中でイメージを思い浮かべながら一人でブツブツ何かを言いながら遊ぶ姿が見られます。

お玉を使ってすくったり入れたりする２歳児 かほるこども園

　保育者は子どもがイメージをふくらませやすい環境を整えます。

④一人遊びと並行遊びを保障し自我の拡大を受け止める環境

　それまでおもちゃを取られても平気だった子どもが、「いや」と貸さなくなったら、自我が芽生え健やかに育っている証拠といえます。目についたものに引かれてあちらこちらで遊んでいた状態から、イメージを保持して「行って戻る」ことができるようになります。

　敏感な子どもは、自分の領域に人が近づいてくるとたたいたりかみついたりする行動がみられる時期です。一人遊びが十分にできる環境を作ります。

　自分のイメージをもつようになるため「こうしたい」「こうするつもり」という気持ちが出てきますが、反面、人は自分と同じ気持ちであると考えているため、「ここに座るつもりだったのに」「今、洋服を着ようと思ったのに」など、大人にわかってもらえないことを怒ります。子どもの自我の拡大を受けとめる人的環境が重要な時期です。

葉っぱをお皿に見立てる　和光保育園（福岡）

操作の遊びにも、想像の遊びにも使えるマグネット玩具。並行遊びができる大きさのボードを選択する
アリスチャイルドケアサービス

人形を寝かしつけているつもりの子ども

ひだまり子育てサロン

人形は、子どもが自由な発想で想像ができるように、キャラクターなど映像視聴の経験から声や行動のイメージが固定していないものを選ぶ。世話をして遊ぶことが中心のため、扱いやすい大きさ、硬さを選ぶ　城南区子どもプラザ

子どもの発達に合わせた大きさ、形で見立てやすい具材を揃える。おおな愛児保育園

形が完成していて、想像を付け加えにくい玩具は、不安で遊べない一時的な保育に適する

この時期に向かない環境

・物の種類と量が少ない環境

・動きが制限され粗大な運動の欲求が充足できない環境

・友達との関わりや集団活動を強制される環境

・順番や待つことなど自己コントロールを過剰に求める環境

・保育者の活動提供と一斉型の活動が多い環境

・数字や文字など概念に興味をもたせる環境

自分のイメージで玩具を何度も運んで、自分の世界をつくり上げている子ども　城南区子どもプラザ

自分が使っているものは自分のおもちゃだと考える。自分のテリトリーに友達が入ってくると怒ることもある。順番や友達にゆずることは、この段階ではまだとても難しい

柔らかいマットやクッションの上では、硬い床とは異なる動きを経験できる。1、2歳の子どもたち同士が体を絡めてじゃれ合う姿も見られる　城南区子どもプラザ

1、2歳はウロウロと歩き回ることができるように環境をつくる　なごみこども園

同じ年齢の子どもだけでは活動が物足りない場合は、3歳以上児の子どもたちと遊ぶ機会を増やす　ときわ保育園

それぞれの空間で遊ぶ子どもの人数が多くなりすぎないように適度に空間を分ける　かほるこども園

（4）第4ステージ　3歳後半〜5歳頃

| 第4ステージ | 3歳後半〜5歳頃
対象に合わせた調整機能が高まる時期 |

この時期の発達のポイント
・心身の調整能力が拡大、調和とリズム感が育つ
・表現方法が多様化する
・知識欲が高まる、仲間関係が広がる
・相手の気持ちを推測できるようになる
・ルールを少しずつ守れるようになる
・良いこと、悪いことを学習する

この時期に子どもが経験したいこと
・バランスや調整、リズムを伴う運動
・我慢や相手との調整が必要となるゲームや集団遊び
・歌う、踊る、話す、描く、作るなど自己表現の活動
・虫や自然物を集めたり探求する活動
・仲間とあるいは一人で遊びを創造する経験
・さまざまな経験の幅を広げること
・良い行動、悪い行動を知る経験

①調整を伴う運動ができる環境

　渡る、ぶら下がるなど環境に合わせて調整する動き、投げる、回すなどの道具を使う動き、スキップやギャロップをする、音楽に合わせて動くなどのリズム感の獲得など、この時期の子どもは自分の身体の調整を伴う動きを獲得していきます。また鬼ごっこ等、ルールの伴う集団遊びでは、身体をコントロールするとともに、ルールを守る、仲間と協力する、負けたくやしさを我慢する等の、相手に合わせて自分の心をコントロールする力が必要になります。

沢でカニを探す。自然の複雑な環境に合わせて遊ぶ中で、身体をコントロールすることが身につく

また大型積木、段ボール、マットな
ど可動性があり、自分の身体よりも大
きな物を室内や園庭に準備しておくこ
とによって、身体を使った表現活動を
促すことができます。

園庭にある道具によって遊びは変わる。協同
性が生まれる道具を準備する　多気の杜ゆたか園

②生き物と出会い採集や栽培が経験できる環境

　幼児期には、身近な動植物と接する経験は欠かすことができません。しかし保育所
や幼稚園は、乳幼児が集団で育つという特殊な場であり、空間と人的資源には限りが
あります。そのためどの保育内容を行うか選択が必要になります。また、動物を飼育
する場合には大勢の子どもたちにさわられる動物の側のストレスにも配慮が必要です。
動植物との経験は、園外の地域資源とのバランスで考えるようにします。

犬、うさぎ、鶏、ブタなど、園内ではさまざまな生き物を
飼う。広い飼育小屋を作り、動物にとっての環境にも配慮
八国山保育園

チョコレート菓子の空き箱に整理されたセミのぬけ殻。自
然物への興味や関心を引き出すために、保育者はさまざま
な工夫を行う　認定こども園こどものもり

虫が来る園庭をつくり、捕まえた虫を探求できる環境をつ
くる　多気の杜ゆたか園

草花を植え、川や池を作り、生き物と子どもたちが出会え
るように工夫した園庭　明和ゆたか園

③友達とごっこ遊びをする環境

　子どもは、ごっこ遊びの中で、自分のもつイメージを表現し、友達とのイメージのすり合わせを行い、その中で人間関係能力と豊かな言葉を獲得します。ごっこ遊びは、大人の役割を学ぶ遊びでもあり、社会生活の練習にもなります。

　ごっこ遊びは、はじめは一人で物を見立てたり、つもりになる姿から、隣で同じことをする平行遊びの姿へと変わります。そして複数で役割を分担するごっこ遊びへと変化していきます。テーマも最初はお家ごっこですが、次第に仕事ごっこ、絵本や物語のごっこ遊びなどへと広がっていきます。

　3歳児クラスでは、保育者がサイレンや注射器などのごっこ遊びのシンボルを準備することによって消防士ごっこやお医者さんごっこが生まれます。5歳児になると、より本物らしさを求めるようになります。その時期には自分たちでごっこ遊びの服や小物を作ることができるように材料等を準備します。

今日の晩御飯は土鍋で鍋物。季節によって子どもの遊びが変化する背景には保育者の環境構成がある　ときわ保育園

パーマ屋さんごっこをする子どもたち。ごっこ遊びの道具などは自分たちで考えて作る　ときわ保育園

夏祭りの後は焼きそば屋さんが流行する。年長児はごっこ遊びにも本物らしさを追求する　愛恵保育園

リビング目線のお家ごっこの空間。パソコンやソファが置かれている　新宿せいがこども園

園庭での水や泥を使うごっこ遊びには古いフライパンやなべ、空き容器などがぴったり。園庭ではダイナミックに遊ぶ空間を作る　かほるこども園

調理師さんや大工さんなど、園の内外で出会う人は子どものモデル。働いている姿を子どもが、心ゆくまでながめることができるようにしたい　聖隷こども園 こうのとり豊田

④言葉による表現を促す環境

　豊かな言葉は、豊かな体験が前提です。驚きや発見があると、子どもは誰かに伝えたくなります。保護者に今日の保育を写真で掲示している園では、低い位置に掲示して子どもに説明を頼みましょう。朝夕の集まりで、保育者が子どもの意見をよく聞き、それをホワイトボードなどに書いていると、子ども同士でも話し合いのときに模造紙などを使うようになります。

　子どもたちは、絵本や物語の世界を楽しんだ後には、絵や身体で表現をし、自分の生活体験と合わせて新しいストーリーを考え出します。絵本は子どもの手の届く場所に置き、パネルシアターなどは保育者が演じた後に、子どもたちが、いつでも手にとって演じられる位置に置くようにします。また絵本や紙芝居、ペープサートなどを作る環境と、小さな机や背景など演じる環境を準備することができます。

舞台を作ってイスを集め人形劇を演じる子どもたち
川和保育園

子どもが演じるためのペープサート。絵本のストーリーを追って話したり、自分でお話を作ったりする　泉の台幼稚舎

⑤造形による表現の世界を広げる環境

　3歳以上の造形表現は、物的な環境と、時間の環境、保育者の援助によって、その協働性や継続性が変わります。物的な環境では、造形表現には、素材の質を吟味する、素材の種類を準備する、集団で遊ぶだけの量を準備するようにします。

　個人用粘土板と粘土をロッカーに入れて、保育者が指示したときだけ使用可能であれば、作品は個人的なものとなりその時々に壊されます。少量のブロックしかなければ協同作業は生まれません。造形表現室や造形表現の空間があり、そこに共同で使用できる粘土や積木があれば、友達との協同作業がうまれ、継続的に作業が続けられます。友達と話し合うことや意見をぶつけ合い、すり合わせる経験も生じます。作品を継続的に置ける場所があれば、各自が家庭から付け加えたい素材を持参することや、先を見通しながらの作業が可能となります。

　素材と道具と時間があれば子どもたちは自分たちでさまざまなものを工夫して作ろうとします。保育者は、子どもと共に、さまざまな素材を集め整理しておきます。木片・木の実・布・紙・箱・毛糸などの素材は、子どもがイメージを付け加えやすい素材です。

造形表現室で継続的に造形活動を行う。造形素材はこの部屋に集め、和紙やカラーの新聞紙などを種類別に棚に準備する　ながかみ保育園

子どもが遊びで必要なものを作ることができるように素材や道具を準備した空間をつくる　かほるこども園

子どもたちが自由に使えるさまざまな素材を準備する　ときわ保育園

うらしま太郎の世界をさまざまな素材を使ってつくる　愛恵保育園

⑥子どもの個性に対応し多様な経験を保障する環境

　子どもたちは、将来保育者になる人ばかりではありません。農業や漁業に就く人、建築家や数学者もいるかもしれません。動物の世話が好きな子ども、コマ名人や虫博士など、一人ひとりが輝く場面は異なります。

　一人の保育者が35人の個性を把握することは困難ですが、5領域や幼児期の終わりまでに育ってほしい姿を意識して多様な経験ができる環境を準備しておくことで個性に対応できます。たとえば絵本を準備する際にも5領域を意識して準備します。またその子どもの強みを伸ばすためには、興味があることにじっくり取り組むことができる時間の環境が必要です。

　4、5歳児クラスでは、集団で歌をうたう、リズム遊びなど身体を使った表現活動の時間も増えます。活動の多様性が増すため、活動の内容によって子どもが机や棚を動かして柔軟に変えることができる空間を作ります。

園庭の木工に取り組める空間。のこぎりで木を切る子ども
川和保育園

タオルかけを利用した手作りの個人用かごかけ。虫とり網や虫かごなども別の場所に置く　掛川こども園

⑦概念を体験的に学習する環境

　環境には、子どもが様々な学びを得ることができるように教育的な意図を埋め込みます。たとえば円柱や立方体の積木があれば、遊びながら図形の性質を理解できます。紙を種類別に分ければ、手触りや素材の違いに気づきます。園庭の道具も、入る量の違うバケツや網目の細かさが違うザルを揃えるなど道具を意図的に選びます。

　棚に玩具が並べられた保育室では、子どもは数、大きさ、高さ、長さ、量に気づき、日常的に分類、系列化、対応などの操作を行うことができます。生活の場面でも、食器の配膳や机と椅子を並べる際に、物の性質や概念等を学んでいます。

　まっすぐに並ぶ行動を習得するには、まっすぐな状態を知る必要があります。美しい字を書くためには、きれいな字を見聞きしていることが必要です。子どもは教えられたことよりも見聞きしているものから多く学びます。

保育者は、意図的に髪の色や肌の色が違う人形、障がいをもつ人形など多様性のある人形を揃えることや、多様な家族や仕事などの絵本を選ぶこともできます。

人形も多様性を意識して準備する。写真は鼻、耳、手の指などが精巧であり、本物らしさを求める時期に適した人形

大小の容器によって子どもは量の体験をし、道具の使用によって砂や水の性質に気づく　かほるこども園

分類、体系を意識した環境。棚に整理されていることで高さ、幅、数量、色などに気づくことができる。種類別に分ける片付けは子どもにとって毎日の学習経験である。

子どもが毎日目にする掲示物も学習環境である。子どもが日常的に見る名前や数字などは、くせ字ではなく標準のひらがなと数字で書くようにする　和光保育園（福岡）

この時期に向かない環境

・自然との関わりがもてない環境
・調整やコントロールが必要な素材や道具を扱うことができない環境
・多様な身体運動が経験できない環境
・友達との関わりと葛藤を経験できない環境
・同じであることに価値を置き、創造性が発揮できない環境
・暴力やいじめ、差別等を推奨する環境
・漫然とテレビの視聴や模倣をさせる保育

（5）第5ステージ　6歳頃

第5ステージ	6歳頃 協同的な学びへと向かう時期

この時期の発達のポイント

・自分の考えを表現しようとし、話し合おうとする

・仲間を大切にしようとする、自分を抑え役割の分担ができる

・ねばり強く取り組む

・思考力や認識力が高まり、さまざまな工夫をする

この時期に子どもが経験したいこと

・根気と工夫が必要な経験

・挑戦、葛藤のある課題に取り組む経験

・不思議さや感動を得る体験

・友達との話し合いや調整が必要な活動、役割を果たす経験

・良い価値を理解する経験（多様性の理解と受容、人権の尊重など）

①体験から抽象的な学習へつなぐ環境

　幼児期は、具体的で身体と五感を使った遊びが学びの中心です。それが小学校では教科書を使った机上での抽象的な概念の学習になります。幼児期から学童期への学びは、具体物による学びから抽象的な学びへと大きく変わります。

　幼児期と学童期では、学習内容の段差が大きいため、年長児では、「抽象化された具

夕方の時間にカルタとりをする子どもたち　川和保育園

個人やグループで興味のある課業に取り組む年長児の様子
エミールこども園

年長児の机上ゲーム。トランプ、かるた、すごろく等の経
験もしておきたい　かほるこども園

同じ太さで高さが違う、太さと高さが違
う、高さが同じで太さが違うなど、整理
された教具

体物」を準備して、「具体的な体験」と「抽象的な学習」の橋渡しを行います。

　幼児期には、砂場や収穫で数量体験を重ねながら体験的・直観的に数量を理解します。加えて形や大きさ等の性質を整理した積木や教具を扱い、遊びの中で数量経験を整理します。また机上のボードゲームやカードゲーム等を使いながら、数字、対応、順序数などの理解を深めることができます。物の性質を体系的に教材化したモンテッソーリの教具も、体験を整理する具体物として活用することができます。

　年長児には、学童期への学びの連続性を意識して、教材や活動等を準備します。

②テーマをもって協同作業を継続的に行う環境

　年長児になると、友達と協同し目的をもった活動の割合が増加していきます。たとえば、夏祭りに向けてクラスで祭りの飾りを協同で作ることや、発表会の劇を考えるなど、ある目的をもって活動に取り組むことが可能になります。

星をテーマにしてさまざまな活動を行う　いずれも ときわ保育園

星をテーマにしてさまざまな活動を行う　いずれも ときわ保育園

　また子どもの興味・関心に沿ったテーマに継続的に取り組むこともできるようになります。子どもたちがある目的やテーマをもって協同的な活動に取り組めるようになれば、保育室内も、子どもたちと話し合いながら環境をつくります。

　協同での創作活動には、毎日活動を継続できる空間を確保しなくてはなりません。

　長時間保育の場合には、静と動、緊張と弛緩、集団と個人の活動のバランスをとれるように、日課に配慮します。

③根気強く、細かな調整機能を伴う活動できる環境

　この時期の子どもは、大人よりも根気強く長い時間をかけて集中して活動に取り組みます。また手指の巧緻性が高まり細かな作業も好んで行います。この時期には、完成までに時間がかかる活動や、調整が必要な活動が適しています。日常の描画活動では、クレヨンだけではなく色鉛筆や柔らかい鉛筆、サインペンなど細かに描ける道具を準備します。

　虫をつかまえることや積み木で作ることなどは、自分をコントロールすることが必要です。粘り強く挑戦し続けることができる活動がこの時期に適しています。

あやとりの本、あやとりの紐などをミニテーブルにまとめておく　ときわ保育園

刺繍、編み物など細かな創作物の棚。描く、塗るにも巧緻性が必要な教材を準備する　愛恵保育園

リリアン、指編み、編み機など、根気が必要な活動に取り組めるようになる時期　たかくさ保育園

年長児が初詣の後に作った近所の神社。巧緻性が高まると積み方も変わる　愛恵保育園

④生活の流れや活動の中でルールを理解し自律性を高める環境

　学校教育法には、幼稚園教育の目標として、「自主、自律及び協同の精神並びに規範意識の芽生えを養う」という一文があります。保育者は、自己選択・自己決定の場をふやし、時間の感覚をもって自律的に行動できる環境をつくります。当番活動や未満児の世話など、自己抑制が必要になる活動も行います。

年長児向けに集まりの時刻が時計で示される。それまでの過ごし方を自分で考え判断して集まる　船堀中央保育園

自分で時計を見て、決められた食事の時間の間にランチルームへ行って食事をする　子育てセンターこまつ

毎週金曜日は保育室を清掃。絵本を整理する子どもたち
にじいろ保育園

二棟の消防署を作りはじめたが、渡り廊下の高さが合わず、その原因を話し合う子どもたち　愛恵保育園

⑤年長児の挑戦的な活動ができる環境

　6歳をこえる頃、子どもは大きな変化を見せます。年上のモデルがいない最高学年の子どもたちは、地域の大人の姿や新しい体験に目を輝かせます。もっと学びたい、本物らしく行いたいという意欲が強く感じられるのがこの頃です。年長児の挑戦的な活動として何を選ぶかは、園により異なります。

　森での活動は、年長児でも挑戦や知的好奇心を満足させるものに満ちています。園庭で挑戦できる遊具を準備する園も多いでしょう。基地や作品づくり、プロジェクトなど協同的な活動を挑戦的な活動とする園もあります。竹馬、こま、なわとび、一輪車、モンテッソーリの教具など友だちと一緒に練習することを挑戦する活動としている園もあります。

　これらはいずれも習得に時間がかかり、上達と達成が子ども自身に分かります。挑戦的な活動として何を準備しどのように展開するか、それは園の条件によるところが大きいと考えられます。いずれも子どもに劣等感をもたせないようにします。

この時期に向かない環境

・自然との関わりがもてない環境
・挑戦ができない環境
・同じであることに価値を置き、創造性が発揮できない環境
・暴力やいじめ、差別を推奨する環境
・話し合いや協同作業がない環境
・ルールのある集団遊びを経験できない環境

第4章

感性(sence)を育む保育の場

1 環境心理学から学ぶ環境構成

（1）人が美しいと感じる環境

　人が「美しい」と感じる環境とはどのような環境でしょうか。環境心理学では、人が美しいと感じる空間の共通点を示しています。

　美しさの判断は、環境が生み出す覚醒（興奮）の水準と関係しています。環境の中に存在する不調和、新奇性、驚き、複雑性などは、環境を見るものに、注意を払わせます。このような覚醒刺激が低すぎる場合と高すぎる場合には、美的判断の基準は下がり、覚醒水準が中間的で適度な位置にある環境が、最も美しいと判断されます。つまり、全く単調すぎる環境は美しいと感じませんが、逆に複雑すぎたり、不調和な空間も美しいと感じられません。新奇性や複雑さなど覚醒刺激が環境にわずかにある場合に、人は美しいと感じやすいということです。

葉っぱを集め握りしめる子どもたち。子どもたちの柔らかな感性を大事に育てたい　子育てセンターこまつ

三角という新奇性が効果的に配された絵本の空間。名作と呼ばれる絵本は、表紙がそのまま美術としての価値をもつ
子育てセンターこまつ

原色がわずかに配された環境は美しい　ときわ保育園

　自然の環境は美しく調和しあっていますが、人工的な環境では、不調和な色彩や複雑すぎる形等によって美しさに欠ける環境を作りがちです。

（2）美しい保育環境をつくる必要性

　幼児期のねらいの一つに、豊かな感性を育み創造性を豊かにすることがあります。幼稚園教育要領では、領域「表現」の内容の取扱いの留意事項として「豊かな感性は，自然などの身近な環境と十分にかかわる中で美しいもの，優れたもの，心を動かす出来事などに出会い，そこから得た感動を他の幼児や教師と共有し，様々に表現することなどを通して養われるようにすること」と示されています。幼稚園・保育所等では、子どもが園庭や保育室で自然や美しい物と出会うことができるようにします。保育室は子どもの教育環境であるため、子どもの感性を育てることに対して、家庭よりも教育的な配慮があることが求められます。

　保育者は、保育室が美的で調和的な環境になるように刺激の質と量に配慮を行います。

秩序感が適度にある空間で育つ子どもたちは、環境を美しく整えることを好むようになる　ながかみ保育園

（3）感性が育つ豊かな色彩と出会う環境

　乳幼児期は、子どもの感性が育つという点でとても重要な時期です。色彩の感覚を育てるためには、幼児期には、限られた原色を用いるよりも、多様な色彩にふれることが必要です [1]。乳児が原色に引き付けられることは知られていますが、子どもを引き付ける刺激で育てることが、どのような影響を与えるのかは明らかではありません。

　自然界には、原色ばかりの組み合わせは存在しません。人工的な原色ばかりを目にする子どもは、人工着色料たっぷりの濃い味のお菓子を毎日食べさせられていることと同じかもしれません。

自然の色は互いに調和し合う。保育室内の色彩も色の調和を考えて配置したい

自然は美しい。子どもたちがこの美しさに気づくことができるように過剰な装飾は避ける　掛川こども園

　子どもの味覚を育てるためには、薄味で多様な食品を食べさせます。同様に、子どもの感性を育てるためには、乳幼児期にさまざまな色彩と、美しい色の組み合わせに出会えるようにします。

　多様で美しい色彩の代表としては、自然物の色彩を挙げることができます。木々の緑は季節によって刻々と変化します。同じ木でも葉の色は異なります。一枚の葉にもさまざまな色合いが含まれています。そして自然の色同士は、美しい調和を見せます。感性を育てるという観点からも、多様な色合いと美しい色の組み合わせをもつ自然環境は、人工的な環境よりも優れています。

　保育者は、自然の色合いを手本として、保育室内の色の調和にも配慮を行いたいものです。

(1) 筆者が行った宮内博実へのインタビュー記録より。平成22年度こども未来財団児童関連サービス調査研究等事業報告書「保育所における養護技術の抽出と活用に関する研究」、高山静子、今井豊彦、圓藤弘典、岩井久美子、2011
(2) 松岡武「色彩とパーソナリティ」金子書房、1995

（4）調和した色彩を子どものまわりに配置する

　自然界にはない不調和や新奇性、複雑性の代表としては、映画やアニメのキャラクターがあります。人工的な色の組み合わせも、不調和を生み出しやすい刺激の一つです。私たちは真っ赤なＴシャツに真っ青のズボン、ピンクの帽子に黄色の靴のような色の組み合わせはしませんが、保育室には、このような人工的で不調和な色彩環境を配置しがちです。

　子どもたちが自然の不思議さ、おもしろさに気づくために作物を栽培し、花を植えている園も多いことでしょう。しかし、窓辺に原色のキャラクター遊具や飾りが飾ってあると、子どもの目は強い刺激にひかれます。保育室内に過度に原色や新奇性を配置してしまうと、窓の外の微妙な変化に気づきにくくなります。保育室内の原色の割合を抑えることによって、子どもたちは、空がにわかに曇ってきたことや木の葉の揺れに気づくことができます。

棚が白色やベージュであると原色の玩具と調和しやすい。パステルカラーと原色は調和しにくく汚く見えやすい。
あさひ保育園

この自然の色彩にカラフルな服を着た子どもたちが加わる。子どもがいないときには少し寂しく感じる保育室がちょうどよい。和光保育園（浜松）

（5）色が人間に与える影響

　色が人間に与える心理的・生理的影響について、環境心理学や色彩心理学では、さまざまな知見があります。色のもつ暖かさは色相によって異なり、赤・橙・黄は暖色と呼ばれ、青・青緑・青紫・黒は寒色と呼ばれます。また、明度が高くなると涼しい感じになり、明度が低くなると暖かい印象を受けます[2]。保育者は季節に合わせて、夏には寒色を使って涼しさを演出し、冬には暖色を使って暖かさを演出することができます。

　赤や橙・黄などの暖色系の色と、明度の高い白っぽい色は、膨張色と呼ばれ、物を大きく見せます。反対に青や青緑のように寒色系の色と明度が低い黒っぽい色は収

季節に合わせてタペストリーやソファカバーの布を変える　子育てセンターこまつ

縮色と呼ばれ物を小さく見せる効果があります[1]。目に強く飛び込んでくる膨張色には、黄色・赤のようないわゆる「目立つ色」があります。交通や工場等では、危険な箇所にはこれらの色を用いて人の目を引き付け、事故を防止しています[1]。つまり目立つ色は子どもを引き付けます。

　色は、筋肉組織の緊張度にも影響を与えているといわれています。人の体や心をくつろがせる色はベージュ系の色、パステルトーンであり人間のストレスをときほぐしてくれます。反対に、赤・橙・黄は、筋肉の緊張度と興奮度を高めます[1]。そのためくつろぐ空間にはおだやかな色彩を用い、イキイキと運動する空間では原色の色彩を用いることができます。

（6）視覚刺激の量と質の考慮

　環境からの刺激に対する敏感さには、個人差があることがわかっています。環境からの刺激遮断ができすばやく適応できるタイプをスクリーナー、環境刺激に対して脆弱で影響を受けやすいタイプがノンスクリーナーと呼ばれています。ノンスクリーナーはスクリーナーよりも全般的に覚醒・興奮しやすいとされています[2]。

　保育室は刺激に対して弱い子どもに合わせて構成します。視覚刺激の影響を受けやすい子どもの場合には、視覚刺激が多い場所では、集中することが困難になります。

里山の景色には、不調和な色彩や過度な視覚刺激がない
木更津社会館保育園の里山

　保育室には多数の子どもの荷物と玩具があり、その中で動き回る子どもと大人がいるため、家庭よりも視覚刺激が多い空間です。保育者は保育室の視覚刺激の量を総合的に把握し、色刺激や模様を過度に配置しないように配慮します。まず、色の量と質に配慮します。赤や黄色、青などの強い色刺激に囲まれた空間でじっくりと遊びを展開することは困難です。

乳児は、赤や黒などのコントラストの強い色を選好^{せんこう}するという実験結果がありますが、それは、コントラストの強い色に引き付けられるという乳児の性質を示しているだけで、原色を乳児に与えたほうが良いという理論的な根拠にはなりません。赤ちゃんに甘いお菓子やジュースを与えれば赤ちゃんは

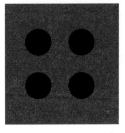

赤と黒、黄色と黒の組み合わせは警告色と呼ばれる。コントラストが強い色彩は子どもの注意を引いてしまう

喜びますが、離乳食に甘いお菓子やアイスクリームを食べさせる人はいないでしょう。これは、子どもの味覚を育てるためには、薄味から始めて少しずつ多様な食品に慣らすことが良いと考えられているからです。同様に視覚や聴覚、皮膚感覚等の感覚や感性を育てることに関しても、乳幼児への配慮を行うことが必要です。

　保育所や幼稚園は、子どもの感性を育てる場であるため、子どもの環境には、美しい調和的な色合いを準備します。また、形や模様の複雑さや新奇さの量に配慮します。複雑な模様が入ったカーテンや、キャラクターの書かれたじゅうたん、壁紙等は、子どもにとって過度な刺激となり、集中して遊ぶことを阻害します。家具やファブリックは広い面積を占めるため、シンプルなものを選択するようにします。

造形表現の空間　家具や床の色彩が抑えられシンプルなため、子どもの作品を飾ったときに、いきいきとした美しい空間になる　ながかみ保育園

(1) 松岡武「色彩とパーソナリティ」金子書房、1995
(2) 羽生和紀「環境心理学」サイエンス社、2008

2 感性を育む保育室と園庭をつくる

（1）美しいものと出会う環境

　園は、教育の場です。保育室や廊下など、子どもが毎日過ごす環境は、家庭よりも美しく文化的でありたいものです。そのため、インテリアや生活用品、玩具など、子どもの回りに置くものは、感性を育てるという意識をもって選択します。

　これまで長い間、幼稚園や保育所では、季節の飾りとして色画用紙で飾りを作り壁に貼っていました。地域に自然が豊かで、絵本も玩具もなかった時代には、子どもたちは保育者が紙で作ったお花や動物にわくわくしたことでしょう。しかし今の子どもはカラフルなアニメや絵本、玩具に囲まれた生活をしています。保育室の壁に色画用紙の飾りを毎月貼り替えることの意味は、ほぼ失われているといえるでしょう。

色を混ぜて作った泥団子を玄関に飾る　ながかみ保育園

窓ガラスに飾りがないと、外の緑が目に飛び込んでくる。室内にいても風や雲の動きを感じられる保育室

ながかみ保育園

今月のテーマは、「14ひきのねずみ」の絵本を使って遊ぶ。靴箱の上の飾りも14匹シリーズに　ながかみ保育園

季節の自然と絵本が子どもを玄関で迎える

クリストファーこども園

カーテンや備品の素材や色彩が選ばれた0歳児クラス
ながかみ保育園

園舎や園庭の設計によっておだやかな空気感が子どもを包み込む　むくどり風の丘こども園

子どもが毎日どんな環境で過ごすかに心を配る
認定こども園こどものもり

シンプルな家具が揃えられたランチルーム。子どもたちが加わるといきいきとした空間になる　むくどり風の丘こども園

生花やタペストリーなど、家庭でも飾ることができる美しい物を選ぶ　子育てセンターこまつ

子どもの好奇心をくすぐるフィボナッチツリーと貝殻
東洋大学保育実習室

（2）季節を感じる環境

　季節の飾りは、感性を育てる点からは本物が優れています。

　その季節の果物や野菜、草花は、保育室に置けば季節の飾りになります。子どもたちが散歩で摘んできた花を、小さな花びんに挿して飾りましょう。ヘチマやかぼちゃなどその季節の野菜は、季節感を演出する飾りになるとともに、子どもが直接さわり匂いをかぎ変化を感じることができます。また、季節に合わせて文化として絵本を選んでいる園では、美しい絵本が季節飾りの役割をします。

　季節の行事にまつわる飾りも本物を選ぶことができます。ひな人形やこいのぼりなどを飾ることができない家庭も増えています。大人が見ても美しいと感じる本物の季節飾りは、毎年使用することができ、エコという点でも優れています。

　特別な飾りをしなくても自然豊かな環境をつくれば、季節を感じる環境になります。

本物の季節飾りを飾る　たかくさ保育園

収穫した野菜を保育室の前につるして保存食を作る。干し柿やとうもろこしのつるされた軒下は、子どもの原風景に
八国山保育園

季節の野菜や果物を保育室に飾る　まちの保育園六本木

季節感にあふれた丁寧な食事風景は、子どもの感性を育てる大切な教材　ながかみ保育園

その季節の美しい絵本。子どもが手にとれる場に置くだけで、季節飾りになる　大徳学園

子どもの手が届き香りがする場に生花や季節の飾りをおく
ながかみ保育園

さまざまな昆虫がやってくる園庭に、虫かごを準備する
認定こども園こどものもり

その季節の風を感じながら、木の下で集まりをしたり絵本を読んだりする　認定こども園こどものもり

園庭でとれた果物や季節の物でクッキングをする空間
認定こども園こどものもり

園庭の自然と子どもたちをつなぐために、保育者が意図的に環境構成をする　認定こども園こどものもり

（3）本物と出会う環境

　保育者は、子どもたちと出会わせたい文化を、廊下や保育室に飾ることができます。園は教育環境であるため、家庭よりも高い文化を提供したいものです。子どもには本物と出会わせたいと、絵画や工芸品を飾っている園も多くあります。

　その地域ならではの織物や染物、伝統工芸品などは飾りとして最適です。地域の芸術家に廊下を提供し作品を飾っている園もあります。このような本物と出会うことで子どもの興味関心も広がります。

　乳幼児期の子どもたちが長時間過ごす空間は、子どもにとってなじみ深い景色となります。

　保育室や廊下の写真を撮り、その空間で過ごす子どもたちには、どのような価値観や感性が育っているのかを考えてみましょう。

紅型染めなど地域の伝統工芸品で玄関を飾る
おおな愛児保育園

雨上がりの園庭で水たまりに入る　多気の杜ゆたか園

子どもがいつもふたをとって見ることができる場所にうめぼしを置く　市野与信保育園

草花を摘むことも、公園や地域ではしづらくなった体験
ながかみ保育園

ランチルームには季節に合わせて美術作品を展示する
　　　　　　　　　　　　レイモンド庄中保育園

工夫された展示。里山の今の様子を写真に撮って、木の枝
で作った枠と吹き出しで飾る　　子育てセンターこまつ

保育者の写真や写真集を飾る　まちの保育園六本木

廊下には地域の芸術家の作品を展示する　ながかみ保育園

ポストカードを飾る　掛川こども園

本物の絵や書を飾る　掛川こども園

3 子どもと一緒に保育室をつくる

　保育者が行う環境構成は、子どもの遊びや生活の充実のために行います。そのため子どもの手の届くところの環境構成が最優先です。

　遊びの素材や道具が充実している乳児クラスや、子どもたちの遊びが保育室に残る幼児クラスでは、保育者が壁を飾る必要がありません。

　幼児クラスでは、子どもが保育室の環境をつくることが増えていきます。子どもたちがイメージをもって遊ぶなかで、「壁を全部海にしよう」と決まることや、お家ごっこのスペースが「お菓子の家」や「大男の家」に変わることもあります。幼児クラスでは、子どもが創造性を発揮して環境を変えていくことができるようにします。

「ヘンゼルとグレーテル」を読んで保育室をお菓子の家にする　日野の森こども園

物語の世界を工夫して作り表現して遊ぶ　ながかみ保育園

子どもがつくるごっこ遊びの建物や道具がそのまま保育環境になる　あそびの森あきわ

染物の道具が棚に置かれる。子どもの活動によって棚に置かれる物が変わる　陽だまりの丘保育園

壁につくった秋の空に毎日少しずつ、子どもが作った虫を
飛ばせていく　ながかみ保育園

筆で文字を書いたことによって芸術的な仕上がりに

　　　　　　　　　　　　　　　　レイモンド庄中保育園

遊びの素材や道具と子どもの作品でいっぱいの年長児の保
育室　かほるこども園

子どもの遊びが継続的に残る保育室には、飾りは必要ない

　　　　　　　　　　　　　　　　なごみこども園

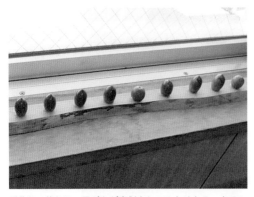

手作りの飾りは、子どもが真似をしてみたくなる、あるい
はそれを見て、想像力がふくらむような飾りを考える

　　　　　　　　　　　　　　　　みどり保育園

子どもの作品をそのまま飾りにする　泉の台幼稚舎

4 音に対する感性を育てる環境

（1）音刺激の量と質の考慮

　大勢の子どもが生活する保育室は、家庭よりも過剰な音刺激が発生します。世界保健機関（WHO）の「環境騒音のガイドライン」によると、「教室での騒音は35デシベル以下、校庭の外部からの騒音は55デシベル以下」としています[1]。しかし、日本の保育室の音環境に関する研究では80デシベルの騒音が発生していることも少なくないことがわかっています[2]。イギリスの小学校で行われた研究では、社会経済学的要因の影響を除いても、学校周辺の騒音が大きいほど、成績が不振であるという結果が出ています[3]。

　乳幼児期の音環境は、子どもの「耳」を育てています。脳の発達には、音刺激は多すぎても少なすぎても問題があります。良質な音は脳の栄養となりますが、質の悪い音は暴力にもなり得ます。人間の脳は可塑性があり、生後の音環境によって、音に関する異なる脳のシステムと感受性を育てることが可能です[4]。

　音は、その場を構成するものが醸し出します。たとえば里山では生き物、木々の揺れる音、小川のせせらぎなど音源が多様であり、その音はなめらかに変化します。このような音は人に快適さをもたらします[5]。音環境を豊かにするには、場を構成するものを豊かにする必要があります。

ふかふかの土と樹木の茂る空間では、子どもの声は響きにくい　乙房こども園

（2）音に対する感性を育てる環境

　日本の保育室は音がうるさく、学習環境として不適切であることが指摘されています。音が大きくなる原因としては、保育室の構造や材質の問題、保育者の意識や保育内容の問題があります。

　保育室は、設計の段階で音への配慮を行います。吹き抜けのある空間や、天井が高い空間、ガラス等の硬い材質が多く使われる保育室では、子どもの声や音が響きます。

　お互いの会話が聞こえるような音環境をつくるには、天井や壁、ピアノの周囲等に吸音材を設置することや、畳や厚いカーペットを敷き、厚みのある布地のタペストリーや柔らかなソファー等、吸音性のある素材を増やすことが効果的です [6]。

　保育者の大声や、ピアノや楽器、音響機器を使った活動でも大きな音が発生します。隣の部屋に響くような大きな音は、学びの環境として不適切です。保育者は、室内では大声を出さないようにします。

　また、子どもたちが遊んでいるときには音楽を流す必要はありません。子どもたちは頭のなかでさまざまなイメージを思い浮かべ、ひとり言を言いながら遊んでいることもあります。子どもが遊んでいる場に、子どもに分かりやすい歌詞の童謡が流れると、子どもは曲に引き付けられ、自分の遊びの世界を続けることが難しくなります。また音の刺激に弱い子どもは、音楽が常に流れている空間では強いストレスを感じ疲労します。

　大人は、注意力が形成されているため、さまざまな音が流れている中でも人の声だけを聞き取ることができます。しかし注意力が十分に形成されていない乳幼児は、音刺激の海の中で人の声だけに集中することは困難です。

　保育者は、最も弱い子どもを基準にして、音刺激の質と量への配慮を行うようにします。

(1) OECD 教育研究確信センター「脳からみた学習」明石書店、2010、p.113
(2) 村上博文他「保育室の音環境と子どもの遊び」『日本保育学会第64回大会発表要旨集』日本保育学会、2011、p.44
(3) OECD 教育研究確信センター「脳からみた学習」明石書店、2010、p.113
(4)(5) ノーマン・ドイジ『脳はいかに治癒をもたらすか 神経可塑性研究の最前線』紀伊國屋書店、2016
(6) 志村洋子『保育活動と保育室内の音環境－音声コミュニケーションを育む空間をめざして』日本音響学会誌72巻3号、pp.144-151、2016年

5 感性を育てる清潔と秩序

　子どもの感性を育む上で、掃除や整理整頓も欠かすことはできません。

　どんなに素敵な飾りが飾ってあっても、保育室にゴミやほこりがたまっていれば、美しくはありません。また、おもちゃ箱のなかにゴミのように玩具が放り投げられている様子も美しくはありません。物の位置が決められていてそこに戻されていることで、保育室には適度な秩序感が生まれます。

　集団で子どもが遊ぶ場では物は散らかり汚れることが当然であり、常に掃除が必要です。この掃除と整理・整頓、装飾は保育者以外もできる仕事です。しかし、子どもの主体的な遊びや生活のための環境構成は、専門知識がないと行うことができません。

　保育の環境構成では壁の装飾に時間をかけることがあります。しかし、子どもの手が届かない壁面よりも、子どもの手の届く場所の環境構成が最優先です。

　保育者以外にできる仕事はボランティアや外部の業者の力を借りて、保育者は子どもの主体的な遊びや生活のための環境構成に力を注いでいきましょう。

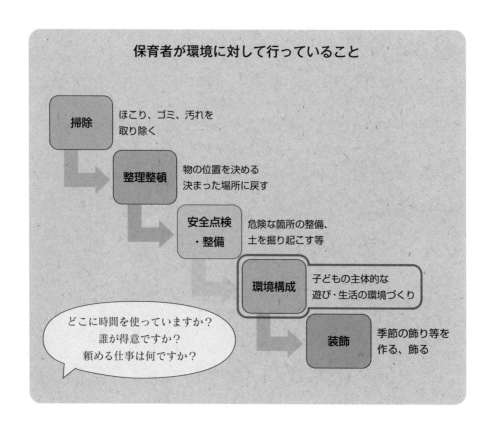

140

保育環境を充実させるための資料

本書の内容は、環境構成の原則的な理論の理解が中心です。具体的な実践は、以下のような、保育所や幼稚園の先生方が書かれた著作や、具体的な実践を紹介した著作を参考にしてください。

映像資料

高山静子『環境構成の理論と実践　第1巻　理論編』新宿スタジオ、2019
G3保育研究会『環境構成の理論と実践　第2巻　実践編』新宿スタジオ、2019

保育環境の充実　乳児クラス

西村真実『育児担当制による乳児保育：子どもの育ちを支える保育実践』中央法規出版、2019
鈴木八朗『発達のサインが見えるともっと楽しい　0・1・2さい児の遊びとくらし』メイト 2017
吉本和子『乳児保育～一人ひとりが大切に育てられるために』エイデル研究所、2002
園と家庭を結ぶ「げんき」編集部『乳児の発達と保育』エイデル研究所、2011
高山静子『子育て支援の環境づくり』エイデル研究所、2018

保育環境の充実　乳児～幼児クラスの充実

木村歩美・井上寿『子どもが自ら育つ園庭整備：挑戦も安心も大切にする保育へ』ひとなる書房、2018
大豆生田啓友 他『子どもがあそびたくなる草花のある園庭と季節の自然あそび』フレーベル館、2014
小泉昭男『自然と遊ぼう園庭大改造』ひとなる書房、2011
吉本和子、脇淵爾良『積木と保育』エイデル研究所、2014
岩田陽子 他『モンテッソーリ教育（理論と実践）』学習研究社、1977
瀧薫『保育とおもちゃ―発達の道すじにそったおもちゃの選び方』エイデル研究所、2018
吉本和子『幼児保育』エイデル研究所、2003
大豆生田啓友『あそびから学びが生まれる動的環境デザイン』学研、2018
カンチェーミ・ジュンコ、秋田喜代美『GIFTS FROM THE CHILDREN 子どもたちからの贈りもの―レッジョ・エミリアの哲学に基づく保育実践』萌文書林 2018
東間掬子『乳幼児がぐんぐん伸びる幼稚園・保育園の遊び環境25の原則』黎明書房、2017
高山静子『学びを支える保育環境づくり～幼稚園・保育園・認定こども園の環境構成』小学館 2017

園全体の設計や環境づくり

仲綾子・藤田大輔 他『保育園・幼稚園・こども園の設計手法』学芸出版社、2019
斉藤公子『ヒトが人間になる』太郎次郎社
藤森平司『「学び」のデザイン』世界文化社、2008
島田教明、辻井正『21世紀の保育モデル―オランダ・北欧幼児教育に学ぶ』オクターブ、2008
ジョン・フォン・カルク『ピラミッドメソッド保育カリキュラム全集』子どもと育ち総合研究所、2005
金子龍太郎・西澤彩木『森のようちえんの遊びと学び：保育・幼児教育の原点ナチュラル・キンダーガーデン』かもがわ出版、2019

おわりに

私は、日本の保育実践から保育者の専門性を抽出し理論をつくる研究を行っています。これは保育者がもっている経験知・実践知を言語化して共有化できる知へと変換する試みです。

保育は遊びを中心的活動とするために、保育者の専門性は見えにくく、「ただ子どもを遊ばせているだけ、子どもを見ているだけ」といった誤解もありました。しかし実践を研究すると、集団で保育を行う保育者独自の専門性が明らかになりました。そのなかでも環境構成の技術は、とくに専門知識が多く含まれる技術です。

私が、環境構成の技術の独自性と重要性に気づいたのは、保育者を辞めた後のことでした。保育の実践者であったときには自分を専門家だと思ったこともなく、むしろ保育に自信がない方でした。地域で保健師、小中学校の教員、臨床心理士、小児科医等と子育て支援の活動を行いながら、私は、次第に保育の専門性に気づいていきました。子育て支援では、各地の公民館などの部屋を、動線や空間の広さ等を考えて、子どもと保護者の居心地が良い遊びの空間へと変えていきます。ある空間を見て、（この台にはきっと子どもが登るだろう）と子どもの行動を予測することは、保育者にとっては当たり前のことですが、それは誰もが予測できることではありませんでした。保育者は、子どもの行動を予測して空間を作り、目の前の子どもに合わせて遊びの素材を準備し、自分を使って雰囲気をつくるなど、日常的にさりげなく環境を構成しています。私は子育て支援の実践によって、環境構成は専門知識と経験に基づいた行為であることに気づきました。

この本では、さまざまな園の異なる実践に共通した原則を説明することを試みました。原則は、実践の骨組みとなる理論です。原則ですから、理想の園や理想の環境を想定して、それに近づくことを求めるものではありません。人が太い背骨をもつことでより自由な動きができるように、それぞれの保育者が、環境構成の原則をもつことによって、より自由で柔軟な実践ができればと願っています。

保育者が日々の職務で果たしている社会的使命の大きさは、計り知れないほど大きなものです。乳幼児期の保育は、子どもの生涯に渡る生きる力の土台を培います。子どもの心を豊かに育む環境は、子どもたちの今と未来の幸福をつくっています。そして子どもたちのみならず、園に朝夕通う保護者の心もあたため、暮らしをより豊かなものにすることでしょう。

おわりに、本書を手にしてくださった保育者の皆様が、自らの専門性に誇りをもって、子どもたちと保護者と共に、ほんとうの豊かさにみちた暮らしをつくっていかれますことを、心からお祈り申し上げます。

◈ 謝　辞

本書は数多くの園の実践を、理論として構造化したものです。掲載した写真と実践は
ごく一部であり、理論構築の背景には紹介できなかった数多くの実践があります。

とくに、ながかみ保育園の野村弘子先生、愛恵保育園の松田美穂子先生、ときわ保育
園の山本さな江先生、川和保育園の寺田信太郎先生、和光保育園の鈴木真廣先生、エミー
ル保育園の江口裕子先生、やまぼうし保育園の吉本和子先生、木更津社会館保育園の
宮崎栄樹先生、新宿せいが保育園の藤森平司先生の実践からは、深い学びをいただき
ました（園名は調査当時）。岩井久美子先生と圓藤弘典先生は、保育を学ばせていただ
くとともに一緒に研究し議論した仲間です。

なごみ保育園、なかよし第二保育園、岩屋保育園、三鷹駅前保育園、野中保育園の先生方、
船堀中央保育園他東京児童協会各園の先生方、こまつ保育園をはじめ天竜厚生会各園
の先生方、龍雲寺学園、浜松市「ピーターラビットの会」の先生方、和光保育園（福岡）、
和光保育園（浜松）、なのはな保育園、曳馬保育園、みどり保育園、初倉保育園、微笑
保育園、掛川こども園、聖隷福祉事業団の各園の先生方、八国山保育園、東京家政大
学ナースリールーム、たかくさ保育園、柳町園、大徳学園、泉の台幼稚舎、あさひ保育園、
慈紘保育園、まちの保育園六本木、認定こども園こどものもり、森のようちえんピッ
コロ、レイモンド庄中保育園、むくどり風の丘保育園、かほる保育園、明和ゆたか園、
その他多くの園と先生方の実践から理論は完成しました（園名は初版当時、訪問順に
お名前を挙げさせていただきました）。

カメラを構えてじっと見ている観察者をお許しいただいた上に、多忙な職務のなかで
インタビューにお応えいただき、貴重な実践と経験を惜しみなくご紹介くださった園
の先生方に、心より感謝を申し上げます。グループ・インタビューやアンケートにご
協力いただいた保育者の皆様からは貴重なご意見をいただきました。また、写真の掲
載の許諾をいただいた先生方と保護者の皆様に感謝申し上げます。

この本の内容には、（財）こども未来財団の委託で行った「保育所における教育的機能
に関わる実証的考察とその活用」と、「保育所における養護技術の抽出と活用に関する
研究」の成果の一部が含まれています。研究の機会を与えていただいた（財）こども

未来財団と、今井豊彦さんをはじめとする研究メンバーの皆様に感謝を申し上げます。木村明子さん、浜松こどものとも社の安田友昭さんは、出版のためにご尽力くださいました。また高山ゼミのメンバーは原稿の校正に携わりました。

改訂版では、ながかみ保育園、青葉保育園、なごみこども園、認定こども園こどものもり、多気の杜こども園、大徳学園、泉の台幼稚舎、あおぞらこども園、陽だまりの丘保育園、いずみこども園、おおな愛児保育園、クリストファーこども園、あそびの森あきわ、乙房こども園、三瀬保育園様に写真の掲載について許可をいただきました。また内容の改訂にあたっては、十文字学園女子大学の亀﨑美沙子先生、認定こども園緑が丘遊子の先生方他、多くの皆様より貴重なご意見をいただきました。

実践は複雑です。多様性豊かで常に流れていく実践のなかに共通する法則を見つけて構造化し理論化するという考え方は、西條剛央博士の「構造構成主義」から学んだものです。どんなに複雑な現象であっても、そこに通底する原則を見つけられないか、保育者が使いやすい地図をつくり、道しるべをつけることができないかと考え続けています。

初版に続き改訂版でも、長谷吉洋さんに大変にお世話になりました。この本の分かりやすさは長谷さんの根気強さとアドバイスのお陰です。

多くの人に支えられて、実践から構築した環境構成の理論を、保育者の皆様にお返しすることができました。心から感謝を申し上げます。ありがとうございました。

付　記

本書の内容には、以下の学会発表や研究報告書、論文、著作で発表した内容が一部含まれています。

高山静子「保育における環境構成技術の構造的な把握による理論化の試み」浜松学院大学『浜松学院大学研究論集 9 号』2013、pp.27-36.

高山静子「コンピテンシーリストを用いた保育者研修プログラムの開発―環境を構成する技術の獲得」日本保育学会『日本保育学会第 65 回大会要旨集』2012

高山静子・今井豊彦・園藤弘典・岩井久美子『保育所における養護技術の抽出と活用に関する研究』財団法人子ども未来財団平成 22 年児童関連サービス調査研究等事業報告書、2010

高山静子「環境が発揮する保育所の教育的機能」高山静子他『保育所における教育的機能に関わる実証的考察とその活用』財団法人子ども未来財団平成 21 年児童関連サービス調査研究等事業報告書、2009、pp.31-61.

高山静子『子育て支援ひだまり通信～遊びとしつけの上手なコツ』チャイルド本社、2010

高山静子「環境を通した保育相談支援」柏女霊峰、橋本真紀『保育相談支援』ミネルヴァ書房、2011、pp.68-84.

高山静子「乳幼児の遊びの不足とそれを補う仕組みづくり」日本生活体験学習学会『生活体験学習研究 vol.4』日本生活体験学習学会、2004、pp.73-79.

参考文献

第 1 部　理論編
第 1 章　環境構成の必要性

エドワード・S・リード『アフォーダンスの心理学―生態心理学への道』、新曜社、2000

大橋力『音と文明―音の環境学ことはじめ』岩波書店、2003

OECD 教育研究革新センター『学習の社会的成果　健康、市民・社会的関与と社会関係資本』明石書店、2008

OECD 教育研究革新センター『個別化していく教育』明石書店、2007

柏木恵子、森下久美子『子育て広場　武蔵野市立 0123 吉祥寺　地域子育て支援への挑戦』ミネルヴァ書房、1997

河野哲也『環境に拡がる心　生態学的哲学の展望』勁草書房、2005

佐々木正人『アフォーダンス―新しい認知の理論』岩波書店、1994

ジャン・ボードリヤール『消費社会の神話と構造』紀伊國屋書店、1995

デューイ『民主主義と教育（上・下）』岩波書店、1975

ドミニク・S. ライチェン、ローラ・H. サルガニク『キー・コンピテンシー』明石書店、2006

日本学術会議『子どものこころ特別委員会報告書　子どものこころを考える―我が国の健全な発展のために』第 19 期日本学術会議子どものこころ特別委員会、2005

三嶋博之『エコロジカル・マインド～知性と環境をつなぐ心理学』日本放送出版協会、2000

ルソー『エミール』中央公論社、1966

第 2 章　環境構成の基本

西條剛央、京極真、池田清彦『信念対立の克服をどう考えるか』北大路書房、2008

西條剛央『構造構成主義とは何か　次世代人間科学の原理』北大路書房、2005

斉藤道子『里山っ子が行く！木更津社会館保育園の挑戦』農文協、2009

佐古順彦、小西啓史『環境心理学』朝倉書店、2007

遊びの価値と安全を考える会『もっと自由な遊び場を』大月書店、1998

波多野誼余夫『認知発達心理学 5　学習と発達』東京大学出版会、1996

羽生和紀『環境心理学～人間と環境の調和のために～』サイエンス社、2008

槙究『環境心理学～環境デザインへのパースペクティブ』春風社、2004

第 2 部　実践編
第 1 章　遊びと環境構成

阿部彩『子どもの貧困―日本の不公平を考える』岩波新書、2008

岩田陽子 他『モンテッソーリ教育　理論と実践』学習研究社、1977

大宮勇雄『保育の質を高める～ 21 世紀の保育観・保育条件・専門性～』ひとなる書房、2006

OECD 教育研究革新センター『脳からみた学習　新しい学習科学の誕生』明石書店、2010

OECD 教育研究革新センター『個別化していく教育』明石書店、2007

斎藤公子『写真集　ヒトが人間になる　さくら・さくらんぼ保育園の 365 日』太郎次郎社、1984

柴田義松『ヴィゴツキー入門』子どもの未来社、2006

仙田満『子どもとあそび―環境建築家の眼』岩波新書、1992

高橋たまき、中沢和子、村上史朗『遊びの発達学展開編』培風館、1996

D. G. シンガー、J. L. シンガー『遊びがひらく想像力―創造的な人間への道筋』新曜社、1997

ルソー『エミール』中央公論社、1966

マリア・モンテッソーリ『モンテッソーリの教育―子どもの発達と可能性　子どもの何を知るべきか』あすな

ろ書房、1980

マリア・モンテッソーリ『幼児の秘密』岩波書店、1968

マリア・モンテッソーリ『幼児と家庭』エンデルレ書店、1971

フレーベル『人間の教育（上・下）』岩波書店、1964

ひだまりの会『子育てコミュニティスペース運営マニュアル増補版』ひだまりの会、2002

前橋明『0〜5歳児の運動あそび指導百科』ひかりのくに、2004

第2章　生活と環境構成

全国社会福祉協議会『「機能面に着目した保育所の環境・空間に係る研究事業」総合報告書』全国社会福祉協議会、2009

羽生和紀『環境心理学〜人間と環境の調和のために〜』サイエンス社、2008

吉本和子『乳児保育──一人ひとりが大切に育てられるために』エイデル研究所、2002

吉本和子『幼児保育─子どもが主体的に遊ぶために』エイデル研究所、2003

R. ギフォード『環境心理学〜原理と実践（上）』北大路書房、2005

R. ギフォード『環境心理学〜原理と実践（下）』北大路書房、2007

和光保育園『2010年版 わこう村ガイドブック』わこう村、2010

和光保育園『保育課程 和光の保育理念・保育方針ガイドブック』わこう村、2010

第3章　発達に合わせた環境構成

岩崎清隆『発達障害と作業療法　基礎編』三輪書店、2001

A. ジーン・エアーズ『子どもの発達と感覚統合』協同医書出版社、1982

大藪泰、田中みどり、伊藤英夫『共同注意の発達と臨床─人間化の原点の究明』川島書店、2004

コダーイ芸術教育研究所『いきいき幼児体育　からだも心も豊かに育つ』明治図書出版、2003

コダーイ芸術教育研究所『乳児の体の育ちとあそび』明治図書、1995

佐々木正人『からだ：認識の原点』東京大学出版会、1987

塩川寿平『名のない遊び』フレーベル館、2006

田島信元、子安増生、森永良子、前川久男、菅野敦『認知発達とその支援』ミネルヴァ書房、2002

田中昌人、田中杉恵『子どもの発達診断1　乳児前半』大月書店、1981

田中昌人、田中杉恵『子どもの発達診断2　乳児後半』大月書店、1982

田中昌人、田中杉恵『子どもの発達診断3　幼児期I』大月書店、1984

田中昌人、田中杉恵『子どもの発達診断4　幼児期II』大月書店、1986

竹下秀子『赤ちゃんの手とまなざし──ことばを生み出す進化のみちすじ』岩波書店、2001

竹下秀子『心とことばの初期発達─霊長類の比較行動発達学』東京大学出版会、1999

テルマ・ハームス、デビィ・クレア、リチャード・M.クリフォード『保育環境評価スケール①幼児版』法律文化社、2004

テルマ・ハームス、デビィ・クレア、リチャード・M.クリフォード『保育環境評価スケール②乳児版』法律文化社、2004

吉本和子『乳児保育──一人ひとりが大切に育てられるために』エイデル研究所、2002

吉本和子『幼児保育─子どもが主体的に遊ぶために』エイデル研究所、2003

D. N. スターン『乳児の対人世界　理論編』岩崎学術出版社、1989

前川喜平『小児の神経と発達の診かた』新興医学出版社、2000

正高信男 編『赤ちゃんの認識世界』ミネルヴァ書房、1999

D. F. ビョークランド、A.D. ペレグリーニ『進化発達心理学─ヒトの本性の起源』新曜社、2008

第4章　感性を育む

大橋力『音と文明─音の環境学ことはじめ』岩波書店、2003

羽生和紀『環境心理学〜人間と環境の調和のために〜』サイエンス社、2008

松岡武『色彩とパーソナリティ　色でさぐるイメージの世界』金子書房、1995.

松田隆夫『知覚心理学の基礎』培風館、2000

宮内博実『Graduate School of Design//Color Design course Textbook 2009』宮内博実　2009

宮内博実『毎日が楽しくなる色の取り扱い説明書』かんき出版、2006

R. ギフォード『環境心理学〜原理と実践（上）』北大路書房、2005

R. ギフォード『環境心理学〜原理と実践（下）』北大路書房、2007

日本環境化学会「地球をめぐる不都合な物質　拡散する化学物質がもたらすもの」講談社 2019

ノーマン・ドイジ『脳はいかに治癒をもたらすか 神経可塑性研究の最前線』紀伊國屋書店、2016

志村洋子『保育活動と保育室内の音環境−音声コミュニケーションを育む空間をめざして』日本音響学会誌72巻3号、2016、pp.144-151

著者

高山 静子（たかやま しずこ）

東洋大学教授。保育と子育て支援の現場を経験し、平成20年より保育者の養成と研究に専念。平成25年4月より東洋大学。教育学博士（九州大学大学院）。研究テーマは、保育者の専門性とその獲得過程。著書に『保育内容5領域の展開～保育の専門性に基づいて』『改訂 保育者の関わりの理論と実践～保育の専門性に基づいて』『子育て支援の環境づくり』『学びを支える保育環境づくり～幼稚園・保育園・認定こども園の環境構成』『子育て支援ひだまり通信～遊びとしつけの上手なコツ』（いずれも単著）、『育つ・つながる子育て支援～具体的な技術・態度を身につける32のリスト』（共著）、『3000万語の格差』（解説）など。

写真提供

志賀口 大輔

森本 信也

松田 美穂子

石川 敦史

装幀

野田 和浩

改訂 環境構成の理論と実践～保育の専門性に基づいて

2021年3月12日　初版　第1刷発行
2024年9月6日　初版　第5刷発行

著　者　　高山静子
発行人　　長谷吉洋
発行所　　株式会社 郁洋舎
　　　　　https://ikuyosha.com/
　　　　　248-0025 神奈川県鎌倉市七里ガ浜東 3-16-19
ISBN　　　978-4-910467-00-9